中国政法大学
优秀博士学位论文丛书

刘 妍 / 著

智能化司法的责任问题研究

RESEARCH ON THE RESPONSIBILITY
OF INTELLIGENTIZED JUDICATURE

中国政法大学出版社
2025·北京

声　　明　　1. 版权所有，侵权必究。

2. 如有缺页、倒装问题，由出版社负责退换。

图书在版编目（CIP）数据

智能化司法的责任问题研究 / 刘妍著. -- 北京：中国政法大学出版社, 2025. 4. -- ISBN 978-7-5764-2065-4

Ⅰ. D926.204-39

中国国家版本馆 CIP 数据核字第 2025BV0794 号

出 版 者	中国政法大学出版社
地　　址	北京市海淀区西土城路 25 号
邮寄地址	北京 100088 信箱 8034 分箱　邮编 100088
网　　址	http://www.cuplpress.com（网络实名：中国政法大学出版社）
电　　话	010-58908586(编辑部) 58908334(邮购部)
编辑邮箱	zhengfadch@126.com
承　　印	北京中科印刷有限公司
开　　本	880mm×1230mm　1/32
印　　张	6.75
字　　数	200 千字
版　　次	2025 年 4 月第 1 版
印　　次	2025 年 4 月第 1 次印刷
定　　价	49.00 元

总 序

博士研究生教育是我国国民教育的顶端，肩负着培养高层次人才的重要使命，在国民教育体系中具有非常重要的地位。相应的，博士学位是我国学位制度中的最高学位。根据《中华人民共和国学位条例》的规定，在我国，要获得博士学位需要完成相应学科博士研究生教育阶段的各项学习任务和培养环节，特别是要完成一篇高水平的博士学位论文并通过博士学位论文答辩。

博士学位论文是高层次人才培养质量的集中体现。要写出好的博士论文，需要作者定位高端，富有思想；需要作者畅游书海，博览群书；需要作者术业专攻，精深阅读；需要作者缜密思考，敏于创新。一位优秀的博士生应该在宽广的学术视野和扎实的本学科知识的基础上，聚焦选题、开阔眼界、深耕细作、孜孜以求，提出自己独到、深刻、创新、系统的见解。

为提高中国政法大学博士学位论文的整体质量，鼓励广大博士研究生锐意创新，多出成果，中国政法大学研究生院设立校级优秀博士学位论文奖，每年通过严格的审评程序，从当年授予的200多篇博士学位论文中择优评选出10篇博士论文作为学校优秀博士学位论文，并对论文作者和其指导教师予以表彰。

优秀博士学位论文凝聚着作者多年研究思考的智慧和指导

教师的思想，是学校博士研究生教育质量的主要载体，是衡量一所大学学术研究和创新能力的重要指标。好的哲学社会科学博士论文，选题上要聚焦国内外学术前沿问题，聚焦国家经济社会发展基础命题和重大问题，形式上要符合学术规范，内容上要富有创新，敢于提出新的思想观点，言而有物，论而有据，文字流畅。中国政法大学评出的优秀博士学位论文都体现了这些特点。将中国政法大学优秀博士学位论文结集，冠名"中国政法大学优秀博士学位论文丛书"连续出版，是展示中国政法大学博士研究生的学术风采，累积法学原创成果，促进我国法学学术交流和繁荣法学研究的重要举措。

青年学子最具创造热情和学术活力。从中国政法大学优秀博士学位论文丛书上可以看到中国政法大学博士研究生的理性睿智，沉着坚定，矢志精进的理想追求；可以看到中国政法大学博士研究生的关注前沿，锐意进取，不断创新的学术勇气；可以看到中国政法大学博士研究生的心系家国，热血担当，拼搏奋进的壮志豪情。

愿中国政法大学优秀博士学位论文丛书成为法学英才脱颖而出的培育平台，成为繁荣法学学术的厚重沃土，成为全面推进依法治国的一块思想园地。

李曙光

中国政法大学研究生院院长、教授、博士生导师

前 言

本书旨在以责任视角研究智能化司法问题,通过对人工智能背景下司法领域的责任转型及问题的研究,提出了面向智能化司法的责任范式构想。本书主要分为以下几个部分:

第一章对智能化司法进行内涵厘定与系统剖析,进一步提出司法领域内"AI 司法"与"司法 AI"两种方向。前者是指由智能技术产生的新型法律关系与程序秩序;后者主要通过人工智能技术将"法律数字化"以解决实践问题。在融合二者优点的基础上,提出了 AI 司法与司法 AI 的中间道路:智能化司法,明确了人工智能在司法领域的应用必须坚持以"司法为中心"。

第二章考察了人工智能背景下司法责任的变革。理清司法责任概念对于实现司法公正、促进社会正义、避免责任推诿具有重要价值,司法责任主要由责任主体、责任内容、责任类型构成。人工智能技术对我国传统司法责任领域将产生诸多冲击,产生了责任主体的多元性、责任内容的复合性、追责制度的混同性等诸多问题。同时,人工智能技术也对责任领域产生正向促进作用,以技术理性约束了司法任意性,消解了司法不确定性,助力司法公开,对提高诉讼效率具有实效。当下人工智能在司法领域的应用,正在逐渐形成科技与法律互动的司法秩序,改变传统的司法责任方式,冲击现有的司法责任认定规则。

第三章从智能化司法决策过程出发,考察了智能化司法决策的运行问题。当前人工智能决策主要应用在数据检索与风险评估、预测性执法与矫治和数字证据提取与判定领域,智能化司法决策过程中可能存在司法歧视、技术黑箱、机械裁判等问题。司法智能化过程中的技术依赖性,可能冲击权力专属原则,引发监管与追责难题。智能化司法决策的主体合法性、权力来源合法性能够有效保障司法权力的运行。从智能化司法决策的权力起点、权力过程、权力效果进行梳理与分析,厘定技术嵌入司法决策领域的责任边界。

第四章主要探讨了智能化司法的责任伦理问题。首先,从智能化司法责任伦理的内涵出发,辨析了伦理与技术伦理、司法责任伦理与智能化司法的责任伦理相关概念,并指明智能化司法责任伦理具有相较于一般责任伦理的特殊性。其次,厘清了智能化司法的技术逻辑内涵与特征。再次,指明智能化司法的责任伦理具有特殊性,"情理与法理互融"是关键特色,以"智能技术"为资源服务于司法场域是其根本目标。最后,提出了构建智能化司法的责任伦理的基本原则,一是坚持立场性原则,要理性审视技术的中立,立足于当下技术发展背景进行科学的责任制度构建。二是坚持主体性框架,明确智能化司法的司法主体地位的动摇边界,要加强对司法主体地位动摇的风险调控。三是坚持多重控制原则,通过"法律控制"与"技术控制""伦理与道德控制"的互补作用,降低人工智能带来的伦理风险,化解智能技术司法应用中的机械和歧视问题。

第五章主要探讨了面向人工智能的司法责任范式。第一,构建面向人工智能的司法责任观,理性看待人工智能推进司法正义的效果。第二,立足于司法人工智能的部署、设计、审查、运行的全流程,建立司法数据的全流程责任监管体系,确立由

"算法系统部署责任""算法运行保障责任""算法运行结果责任"构成的算法责任体系。第三，对智能化司法的责任主体进行厘定，明确机器责任的落脚点是"人"，智能化司法的责任承担主体为技术人员、系统部署者、一线办案的司法官。第四，智能化司法问责体系的构建应当在传统司法问责体系上进行优化，兼顾智能化司法"多元化"特色，为技术人员与司法人员预留必要的容错空间，同时厘清智能化司法的责任划分与承担方式。第五，配套责任制度的完善建议，完善智能化司法的数据保障制度，以程序制约技术"越位"，建立多维度的责任监管框架，构建智能化司法的技术风险防控体系，等等。

目 录
CONTENTS

绪　论 / 001

第一节　问题的提出 / 001

第二节　研究现状 / 003

第三节　研究意义 / 010

第四节　研究方法与可能的创新点 / 012

第一章　智能化司法内涵厘定与剖析 / 015

第一节　智能化司法的科学内涵 / 016

第二节　AI 司法、司法 AI：两种道路与立场 / 021

第三节　中间道路："法律多元主义"下的智能化司法 / 027

第二章　人工智能背景下司法责任的变革 / 034

第一节　司法责任的内涵厘定 / 034

第二节　司法责任的技术赋能 / 044

第三节　人工智能对司法责任制的冲击及挑战 / 048

第四节　面向人工智能的司法责任态势 / 055

第三章　智能化司法决策中的责任问题 / 059

第一节　智能化司法决策的实践样态 / 059

第二节　智能化司法决策的技术隐忧及理论回应 / 072

第三节　智能化司法决策的运行逻辑 / 086

第四节　技术嵌入司法决策领域的责任边界 / 091

第四章　智能化司法的责任伦理建构 / 095

第一节　智能化司法责任伦理内涵 / 096

第二节　智能化司法的技术逻辑 / 104

第三节　智能化司法的责任伦理风险 / 113

第四节　智能化司法的责任伦理建构路径 / 120

第五章　面向智能化司法的责任范式 / 131

第一节　面向人工智能的司法责任观 / 132

第二节　智能化司法的责任类型界分 / 137

第三节　智能化司法的责任主体厘定 / 151

第四节　智能化司法的问责体系 / 163

第五节　智能化司法的配套责任制度 / 176

结　论 / 189

参考文献 / 193

绪 论

第一节 问题的提出

人工智能技术在诸多方面的应用前景广阔，将引发深远的社会性变革，已成为新时代社会发展的共识。人工智能技术的潜力不仅使得公司获得巨额收益，还协助科学家解决关键问题，并辅助政府进行决策分析，形成科学决策。越来越多的人意识到，虽然算法衍生的智能服务可以对公众的日常生活带来极大的便利，但这有利也有弊。人工智能技术正广泛渗透到各行各业，在传统的基础上大幅度地提高生产效率与生产能力，[1]也给法律带来了全新的挑战。根据国务院发布的《新一代人工智能发展规划》，人工智能司法应用已上升为国家战略，人工智能技术进入司法领域势不可挡，在这一过程中，既要有突破性改革的决心与勇气，也要保持客观与理性。人工智能技术的发展不断催生与之相应的法律变革，法学界正日益关注如何理解人工智能技术对司法体系的影响，针对人工智能对刑事司法领域产生的一系列影响进行深入分析，亟待从司法制度范畴作出前沿性的规划与探索。

---

〔1〕 腾讯研究院等：《人工智能：国家人工智能战略行动抓手》，中国人民大学出版社2017年版，第63页。

面对当前人工智能技术的发展，智能化司法建设如果缺乏理论支撑，将只是单纯的技术实验。科技本身是服务于人类社会发展的，人工智能技术迅速介入各个领域已经成为大势所趋。有学者认为："人工智能正从四个层面由浅入深地介入司法。"[1]如何适应人工智能技术的发展浪潮，引导、规范其在司法领域中的合理运用，已经成为学者们所面对的重要问题。对人工智能而言，算法是执行特定任务的具体步骤或指令，而智能化刑事司法是在机器学习的基础上，将海量的司法数据集中整理、聚合分析，以技术促进刑事司法制度的变革与创新。在刑事司法领域，人工智能技术在协助案件侦查、量刑、司法决策、证据分析等各方面将发挥重要作用，但随之也可能会引发"机械正义"等问题，越来越多的学者开始担忧算法可能对目前的司法制度形成较大冲击，尤其是未来智能技术日臻成熟，机器人思维的独立性日益提高，公众对"机器崛起"及其可能带来的风险隐忧日益加剧，因此要求对人工智能技术进行监管的呼声也越来越高。

在人工智能技术应用于司法领域的背景下，当前司法活动逐渐呈现"去责任化"趋势，特别是司法责任感的缺失与责任推诿现象加剧，亟待理论界对司法责任予以革新。[2]人工智能技术在司法领域的应用问题，已成为学界热烈讨论的焦点。理论界正试图对人工智能技术的应用进行适当控制，而"责任"

---

[1] 这四个层面分别为：①逐步代替人力，从事法条查询等相对简单机械、重复性高的工作；②作为助理完成证据获取、裁判文书辅助生成等辅助性任务；③对海量文书进行统计分析并作出预测，为法官裁判提供参考；④直接参与决策或进行局部裁判，如再犯风险评估等。详见栗峥：《人工智能与事实认定》，载《法学研究》2020年第1期，第117页。

[2] 高童非：《数字时代司法责任伦理之守正》，载《法制与社会发展》2022年第1期，第153页。

便是控制人工智能技术"良善应用于司法领域"的一把"钥匙"。[1]智能化司法的责任问题是一个高度概括性的综合性概念，具有"人工智能""司法""责任"多重内涵，是司法智能化建设下的一个极具时代特色的议题。贯穿于人工智能系统的设计、部署、运用、实践等全过程，其时间跨度之长，责任主体之多元，责任内容之复杂，值得学者进行深挖细耕。在司法智能化的背景下，人工智能技术以各种方式与途径介入司法裁判领域，司法责任承担有什么新变化？责任主体怎么界定？司法智能化背景下的司法责任应当如何重塑？本文将围绕这些问题展开深入探讨，通过考察人工智能技术与刑事司法相结合的实践情况，探索智能化司法的责任问题的内在机理，以期推动诉讼法学界对这一问题的广泛关注。

第二节 研究现状

智能化司法的责任问题与"司法智能化""法律人工智能""智慧司法""数字司法""机器人法官""司法责任"等概念息息相关，其本身是司法责任与智慧司法的复合型概念。捋清了本文意旨有利于将"智能化司法的责任问题"化繁为简，将本文的研究集中于核心问题。因此，智能化司法的责任问题所涉及的主要内容：一是法律人工智能技术问题。二是人工智能背景下的责任界定问题，即技术责任与司法责任。

---

[1] 需要指出，这里的责任并不仅仅限于司法责任，而是贯穿于人工智能系统的设计、更新迭代、由司法人员进行适用的全过程责任控制体系，既可以是设计责任，也可以是生产责任、司法责任。

一、域外研究现状

法律计量学始于洛文杰对传统法理学进行研究与批判,他通过对"观察""实验""数据建模"等研究方法与计算机技术的运用,以更科学地解决法律实践问题。尽管这一时期并没有明确的"法律人工智能"的提法,但是其对后者具有启示意义,标志着人工智能司法决策思想初见雏形。1970年,布坎南与海德里克合作发表了一篇名为"关于人工智能与法律推理的几点思考"的文章,明确指出:计算机具有信息处理能力,且人工智能领域多年来致力于根据人类的思维模式对信息处理进行建模,同时提出了这一信息处理能力在法律检索方面完成推理的可能性。[1]据此,布坎南与海德里克通过利用麻省理工学院所研发的"启发式专家系统"尝试对法律推理的过程予以类比说明。[2]首次在法律人工智能领域开拓性地进行了法律推理过程的计算机模拟,为法律人工智能的研究奠定了基础。

在人工智能发展前期,人们对人工智能决策的质疑与担忧一直存在。比如,1969年富兰克林·费舍尔就对一部分主张"以数学分析方法来预测美国最高院司法决策的行为"的学者进行了猛烈的批判。其明确指出:"定量技术能否有效应用,这一问题本质上是一个经验问题,只能通过实验来解决。"[3]1977年,安东尼·德阿玛通过对"是否有利于法治而非认知"这一

---

[1] B. G. Buchanan and Thomas E. Headrick, "Some Speculation about Artificial Intelligence and Legal Reasoning", *Stanford Law Review*, 1940 (23), p. 40.

[2] B. G. Buchanan and Thomas E. Headrick, "Some Speculation about Artificial Intelligence and Legal Reasoning", *Stanford Law Review*, 1940 (23), p. 40.

[3] F. M. Fisher, "The Mathematical Analysis of Supreme Court Decisions: The Use and Abuse of Quantitative Method", *American Political Science Review*, 1958, 52 (2), pp. 321~338.

标准,借助于《计算机取代法官可否与应否》这篇文章,从代价与收益两个视角对人工智能进行司法决策的正当性与合理性方面进行了探讨。其认为:"就代价而言,如果允许人工智能替代法官进行决策,人们将付出以下代价:一是法律可能不在法官掌控之下那样得到发展,以至于可能陷入停滞。二是司法决策的结果可能缺乏'人性化'。三是可能影响实体法的决策质量,因为自动化决策的结果可能无法引起人们的共鸣。从利益角度来看,由于人工智能技术具有较强的信息处理能力,能够在特定法律领域大幅度地提高效率,降低司法成本。因此,在某些特定的领域,法律人工智能具有更加公正的优势。"[1]

整体来说,人工智能技术在智能决策领域,受到的褒贬不一。支持者如上,反对者也尤为众多。比如,迈克尔·斯托克代尔与丽贝卡·米切尔认为:"赋予人工智能以'人'的地位是人工智能具有相对应的职业资格的必要条件。"[2]丹尼娅·索伦丁就人工智能技术进入司法领域提出了三方面担忧:一是计算机是否拥有代替人类法官作出决策的法律权力?智能化司法决策的权力主体归因于谁?——程序开发者?计算机?还是人类决策者?二是从算法偏见的角度提出担忧,认为人工智能进行司法决策可能引起算法偏见的风险,一旦运用不当,程序设计者等计算机程序开发各个环节人员很可能将"潜在偏见"嵌入程序中,这可能导致决策不准确,影响司法公正。三是从司法程序角度,一旦运用人工智能进行司法决策,将在时空上隔离当事人与法官的联系,损害当事人的程序性权利。

---

[1] D. Anthony, "Can/Should Computers Replace Judges", *Georgia Law Review*, 1977 (11), pp. 1277~1301.

[2] M. Stockdale and R. Mitchell, "Legal Advice Privilege and Artificial Legal Intelligence: Can Robots Give Privileged Legal Advice?", *The International Journal of Evidence & Proof*, 2019, 23 (4), pp. 422~439.

二、我国的研究现状

我国对人工智能司法决策相关研究较国外略显迟缓，但对于人工智能决策的质疑具有相似性。其主要体现两个方面：一是对人工智能的主体地位存疑，学界普遍认为人工智能并不具有主体性地位。二是认为人工智能决策将冲击我国传统的司法制度与司法秩序，虽然目前人工智能技术在司法实践中通常主要是担任"辅助性裁判"的角色，但智能系统的相关人员（如程序设计者、系统部署者等）对智能化决策最终结果的生成也存在实质性影响，一旦自动化决策出现错误，可能将导致"责任真空"。

比如，宋旭光指出，人工智能在司法领域的定位应当是"一种辅助工具"，如"帮助法律工作者在特定的任务或者工作上获得更优表现，但并不是代替法律工作者进行决策"。[1]雷磊教授在《司法人工智能能否实现司法公正？》这篇文章中也支持了这一观点，他指出，相较于人类法官，司法人工智能具有显著的优势，但其无法应对不确定性，无法兼顾人类的生活常识与情感，更没有办法进行价值判断，这是司法人工智能不可磨灭的缺陷。因此，目前人工智能在司法领域更为合适的定位是司法裁判过程中的一种辅助性手段，重在提升司法审判的效率。技术永远是技术，无论何时也无法替代人类社会对司法公正的永恒追求。[2]

季卫东教授认为："人工智能提高了司法机关办案的效率与透

---

[1] 宋旭光：《论司法裁判的人工智能化及其限度》，载《比较法研究》2020年第5期，第80页。

[2] 雷磊：《司法人工智能能否实现司法公正？》，载《政法论丛》2022年第4期，第73页。

明度，使审理流程发生了质变，对现代法治的制度安排产生了挑战，人工智能是一种实现正义的手段，切不可本末倒置。"[1] 其进一步指出，司法人工智能在提高类案类判水平与审判预测性之时，易产生关于法律说理流于形式的问题，也会增加算法歧视的风险。人工智能的深度学习离不开法律领域专家的介入与监督，司法人工智能系统的构建应当为法律解释与法律议论留出一定的空间。陈锐教授指出："司法人工智能于本质上是一种功能实现的问题。智能化决策对法官的主体地位只能是增强，并非削弱，人工智能不会改变司法权力的公共属性和运行方式，司法错误的归责问题可以通过法官、法院以及国家之间的合理分配进行解决。"[2]

彭中礼教授在《司法裁判人工智能化的正当性》一文中表示，在司法裁判智能化这一背景下，让智能机器代替人，赋予了智能机器主体权威。同时，其从司法裁判智能化正当性的"主体基础""程序基础""结果基础"方面表达了看法：一是从司法本质来看，智能裁判作为第三方力量中立参与审判，并不会影响司法审判的性质，智能审判过程中虽然存在人工智能的"技术加持"，但智能审判的本质依旧是"人对人"式的审判，进行裁决的法官是"人"而不是"机器"，因此机器不可能挑战人类之主体性。二是，从司法过程来看，智能裁判的程序设计能够联系特定的事实及规则，保证司法裁判的形式理性，算法的"公开透明"能够充分展现法律意见的对话特征。[3] 与

---

[1] 季卫东：《人工智能时代的司法权之变》，载《东方法学》2018年第1期，第125~126页。

[2] 陈锐、孙庆春：《人工智能司法决策的合法性辨疑》，载《西安交通大学学报（社会科学版）》2021年第3期，第123~125页。

[3] 彭中礼：《司法裁判人工智能化的正当性》，载《政法论丛》2021年第5期，第115页。

此同时，彭中礼教授指出司法裁判智能化的三个阶段：智能化辅助—智能化有限参与—智能化全面实现。其认为："人工智能时代，追问智能裁判正当性不仅仅是对智能裁判为何可能的理论追问，也是对人类自我意识实现程度的追问。"[1]

高童非副教授在《数字时代司法责任伦理之守正》一文中指出，在数字化的浪潮下，当前的司法活动呈现"去责任化"的显著趋势。"证据指引系统""风险评估工具""在线诉讼平台"是目前数字技术运用最为普遍的领域，也是司法责任伦理冲突最激烈的领域。因此应当通过准确界定"机器""技术人员""系统部署者""司法官"相结合的责任框架，建立与完善符合新时代特征的司法责任体系。[2]

综合学界现有的研究来看，当前理论界与实务界对人工智能参与司法决策表达了普遍的质疑与隐忧。有学者认为："人工智能不应当被用于实质性的司法决策，即便是其拥有了相应的司法能力。"[3]当前反对人工智能司法决策应用的观点主要有：一是人工智能技术渗透入司法决策领域，必然会引起人类法官的主体性危机，对现行的司法制度、法理等产生冲击。这种观点认为，如果允许人工智能技术参与到司法决策过程且发挥实效，这相当于肯定了智能机器的"道德主体地位"，将产生法官的"主体性危机"。有学者进一步提出："人工智能司法决策可能意味着机器的统治与人类文明的终结。"[4]二是人工智能进行

---

[1] 彭中礼：《司法裁判人工智能化的正当性》，载《政法论丛》2021年第5期，第115页。

[2] 高童非：《数字时代司法责任伦理之守正》，载《法制与社会发展》2022年第1期，第151页。

[3] 左为民：《关于法律人工智能在中国运用前景的若干思考》，载《清华法学》2018年第2期，第121~123页。

[4] 江秋伟：《论司法裁判人工智能化的空间及限度》，载《学术交流》2019年第2期，第93~101页。

司法决策将会产生权力的合法性危机,这种观点主要质疑人工智能司法决策的权力来源与运行合法性,反对人工智能进入司法决策领域。如有学者认为:"人工智能参与司法决策没有合法性的权源——法律并未对人工智能司法决策进行法律授权,人工智能取代法官决策,将导致司法公信力存疑,侵袭司法的权威。"[1]这些争议都将是智能化司法应用发展所必须回答的问题。

在司法实践中,现阶段人工智能技术已经开始发挥辅助性作用。由于人工智能技术得天独厚的信息处理能力,对提升司法效率,增强审判质量,优化办案流程做出了突出的贡献。但是也应当看到,人工智能技术的适用应当保持在一定的限度范围内。理论界对司法人工智能也提出了"主体隐忧""实质正义实现隐忧""法官责任推诿"等相关质疑。从理论维度上看,技术理性与情感理性的矛盾在短时间之内难以有效调和。从实践维度来说,人工智能裁判极大地冲击了法官的主体地位,智能技术对裁判产生了实质影响且影响越来越大,法官容易"卸责于技术",产生责任推诿现象。因此,需要直面目前司法智能化的相关需求,通过对智能化司法全过程进行责任控制来解决这一问题。最后,从技术来看,在现在乃至不远的将来,人工智能技术的"算法黑箱"难以攻克,"算法"歧视实现全无也不太现实,因此有必要合理界定司法人工智能的应用边界,尊重司法规律,通过对智能化裁判的过程控制,以"责任"为落脚点,合理界定各个阶段的责任主体。在逻辑层面,智能化司法定位:一是以司法逻辑为主导,以算法逻辑为补充。二是以司法官活动为主导,人工智能为补充。在路径选择的层面,应当坚持以法官为主体,以技术为补充,有效发挥智能技术的辅助地位。

---

[1] 江秋伟:《论司法裁判人工智能化的空间及限度》,载《学术交流》2019年第2期,第99~101页。

在技术保障层面，应当坚持以责任为控制线，合理界定程序设计者、开发者、系统部署者之间的工作与责任关系，使司法人工智能系统的部署、设计、运行等环节都在健全的轨道上运行，建构面向人工智能应用的司法责任范式，有效应对司法领域人工智能带来的责任方式转变，健全面向人工智能的责任相关配套制度。

第三节 研究意义

智能化司法持续发展的前提有二：一是"算法规制"，肃清影响"公平与正义"的算法藩篱。二是"法律规制"，通过对现行司法制度进行革新，从规范和程序入手进行合理规制，提出制度化的解决方案。不论是"算法规制"还是"法律规制"都指向了一个核心问题：司法责任的承担问题，亦即在人工智能大背景下，司法决策的方式已经悄然发生变化，承担司法责任的过程与结果也必然会随之发生转变，应用于司法活动的智能技术已经导致了一系列不容忽视的"组织化的不负责任倾向"。[1]有学者指出："在智能社会的诸多风险与挑战中，最突出与严峻的就是制度失灵与秩序失调。"[2]本书的研究具有重大的实践意义，具体主要体现为：

第一，当下人工智能尚未与司法领域进行深度融合，而这不仅仅囿于智能技术的发展尚处于初期阶段，也是因为我国"数字法院""智慧检务"建设中相关理论研究严重缺位，导致

---

〔1〕 高童非：《数字时代司法责任伦理之守正》，载《法制与社会发展》2022年第1期，第153页。

〔2〕 张文显：《构建智能社会的法律秩序》，载《东方法学》2020年第5期，第4页。

对"人工智能+司法"领域的理论剖析不足。这也是人工智能技术进一步发展的"瓶颈",司法的智能化并不必然导致"责任的无序化",从"责任"角度对智能化司法全流程进行规制,有利于智能化司法的良性发展。

第二,从司法实践角度出发,现阶段智能系统在司法实践中运行导致的法官主体地位的弱化已经被学界所公认,人工智能技术的运用导致的"责任推诿"现象层出不穷,而"责任推诿"将导致智能系统出现司法错误时追责困难——是"机器责任",还是法官的终局审查不明?本书将从人工智能系统在司法实践中已经暴露出来的"责任界定"问题出发,抽丝剥茧,有针对性地分析成因,并提出切实可行的解决办法,以期为我国的智慧司法实践提出有价值的建议。

第三,可以拓宽诉讼法领域的研究宽度,提升智能化司法的研究热度。笔者经过检索发现,对于智能化司法责任问题的研究尚处于初步阶段。笔者期待通过本书的撰写对"人工智能+司法"的研究做出更加深入的探索,推动智能化司法领域研究进一步完善,为司法现代化进程增砖添瓦。

第四,本书的研究具有重大的实践价值。本书缘起于人工智能技术、落地于刑事司法实践,以技术与制度相融合的视角对"责任界定"展开了分析与论述,从实践角度通过对人工智能技术进入司法领域的全流程进行责任界定,将错误风险的后果界定为个人,明确了责任主体,为完善智能化司法的理论研究与相关规范体系的建构提出了相应见解与实操建议,对"人工智能+司法"的具体实践提供了有益指引,也希望为未来"人工智能+司法"的后续研究提供理论素材。

第四节　研究方法与可能的创新点

一、研究方法

（1）历史分析方法。本书通过对人工智能进入司法领域的国内外起源与发展进行深入探究与脉络研析，分析了智能化司法的相关概念，研究理论产生的历史背景，对当前智能化司法的基础理论、实践经验、完善措施等进行分析与整合，以作为本书研究智能化司法责任问题的理论参考。

（2）比较分析方法。本书通过对国内外不同领域学者对智能化司法的相关理论研究进行剖析，分析与对比不同国家司法人工智能模型的实践情况，归纳出人工智能在刑事司法领域的成功经验与所面临的困难，从而在共性的成功经验与困难中甄选出有价值的信息，提炼出值得我国借鉴的经验与教训，从正反两面为中国的智能化司法理论研究提供借鉴与参考。

（3）文献分析方法。本书通过对国内外"人工智能+法律"相关文献进行分析与整合，系统梳理与归纳理论研究现存的重难点问题，发掘理论研究的不足之处，并提出相对应的解决办法，立足于中国的具体国情，从共性中抽离出有益经验，为本书的研究提供有力参考。

二、可能的创新点

本书对司法智能化背景下责任问题的研究不仅仅局限于诉讼法领域，也涉及民法、法理学等多个部门法分支。相对而言，本书的独创性主要体现在以下几个方面：

（1）研究对象的创新。"智能化司法的责任问题"这一研究对象具有复合性。整体而言，本书以人工智能技术与司法实践的结合产物——智能化司法的责任问题——作为基础研究对象，将其结构剖析为"智能化司法"与"责任"两个核心要素。二者分别指向不同的研究领域：前者重在关注人工智能技术引起的司法领域变革，后者主要研析司法领域应当如何重塑责任体系以应对人工智能技术在司法领域实践发展；前者侧重于技术，后者侧重于制度。智能化司法作为新近发展的名词，创新是其赖以生存的生命线。而"智能化司法"与"责任"的结合不仅应当适配技术变革的要求，也应当适配司法实践的具体需求，兼具技术特色与理论特色。这是个全新的领域，更是个从不完善到逐渐完善的过程，亟待理论研究者进行分析与完善。

（2）研究视角的创新。本书试图从技术机理的角度来论证智能化司法的可能性、可行性与发展困境。从目前学界对人工智能司法相关文献的研究来看，大多数学者在传统的法学理论与研究的框架内展开论述，对技术如何融入司法实践的展开不够，论证不足。因此，本书从技术与司法的双重角度出发，对人工智能在司法裁判领域的具体运行展开论述，从责任控制的角度对智能化司法进行"审慎思考"，以期获得不一样的结论。

（3）学术观点的创新。于本书而言，主要遵循问题导向的思路，全书围绕着"责任问题"展开，直面人工智能技术进入司法领域所产生的一系列伦理与实践问题，对智能裁判的结果与后果进行"灵魂拷问"：人工智能技术介入司法裁判领域后，机器在裁判过程中扮演什么样的角色？系统部署者与程序设计者是何种角色？人工智能技术进入司法裁判领域，在责任的承担方面将引起何种变革？本书试图寻找一种面向人工智能的责任观,通过对智能化司法运行进行全流程的"责任控制",以提升公众对智能司法系统输出结果的接受度,为司法的不断智能化乃至"强人工智能"阶段中法学理论与人工智能技术的适配性研究贡献微尘之力。

第一章
智能化司法内涵厘定与剖析

　　随着信息科技的不断发展，人工智能技术使我们的生活发生了巨大的变化。在自动化驾驶、语音技术识别、医疗行业等领域，人工智能都在发挥着不可或缺的重要作用，智能科技在为司法赋能的同时不断解放与发展司法生产力，使司法智能化不断进入法学研究者的视野。伴随着数字化、智能化的快速发展，各级部门以极大的热忱拥抱人工智能。"人工智能""区块链""云技术"等高新科技在司法领域的适用在冲击我国传统诉讼制度的同时，也逐渐形成了司法效率与司法公正融合的新常态。2015年，从最高人民法院首次提出"建设数字法院"后，人工智能迅速向司法领域逼近。从"智能1.0"到"法务云"，再到"206系统"，司法人工智能的建设正在不断改变人们心中对司法的固有印象，人工智能逐步成了我国司法改革的先锋力量。运用人工智能技术来解决司法实践难题具有明确的问题意识与目标导向，正在将法官、检察官等从低效率的重复性劳动中解脱出来，促进司法实务人员将更多的精力与时间投入"专业性高""不可替代性强"的法律专业性工作中，实现司法资源的优化配置。

　　当前，我们面对的是一个信息科技急速发展的时代，研究智慧司法，就要紧跟这个迅速变革的时代，合理规制司法活动，使得智能技术朝着符合大众期待的方向发展。人工智能时代，诉讼制度正在被重塑，司法也将被重新定义。由于人工智能技术在司法领域的大幅攻势。依据目前的法学理论，学界对"司法+AI"的准确概念尚未形成统一标准。人工智能在司法领域的名称不统一,领域内涵不清晰,"一个概念若不能在理论上澄清自己并划定界限,就不会被理论所接受"。那么,智能化司法的定义是什么?未来的发展方向是什么?技术赋能于司法之责任问题如何界定?这不仅是学界研究的热议话题,更是进一步研究智能化司法所应当回答与解决的首要问题。

第一节 智能化司法的科学内涵

伴随着数字化、智能化的快速发展,智能技术被迅速应用于社会的各个行业,未来生活中的大量重复性、简单性的活动将由人工智能所取代,甚至让位于人工智能的算法决策。作为一个高度概括性的综合性概念,"人工智能+司法"具有法学研究领域的独特价值,值得深挖细耕。

一、司法与智能的概念厘定

在人工智能技术的发展过程中,不同阶段呈现出来的智能化发展程度也存在重大差异。通常来讲,学界根据"智能化程度"的不同,对人工智能的发展阶段进行区分:一种观点将此区分为"弱人工智能"与"强人工智能"。另一种观点则认为,参照智能程度,人工智能的发展应被划分为三个阶段:弱人工智能、强人工智能与超人工智能。美国学者约翰·西尔勒曾指出,强人工智能是具备完全人类的思维能力的智能机器,用来代指具有人类思维的智能机器,与之对应的概念便是弱人工智能。[1]囿于智能技术发展水平,现阶段司法人工智能并不具备

---

[1] 孙培福、付卓然:《"弱"法律人工智能研究的逻辑起点》,载《社会科学家》2020年第11期,第126页。

完全替代人类大脑的能力，但能够在简单领域内通过深度学习而实现认知。[1] 这里的"认知"是智能化司法之"智能来源"，也是"智能"的奠基根本，脱离于"自主认知"之外的属于完全意义上的"弱人工智能阶段"。

①弱人工智能指代专用人工智能，其不具备自我认知能力，应当有能力完成一些简单、基础的数据处理工作，比如文书检索、数据处理功能等。其在司法实践中的明确定位为辅助功能，旨在帮助办案人员进行一些重复性简单操作的任务，促进司法资源的优化配置，当然这一应用也难迁移至其他具体场景。②强人工智能指通用人工智能，具备迁移性。③超强人工智能具有类人的思维能力。强人工智能与超强人工智能的共性是："二者都具有自我理解与自我控制能力，且后者的能力更高。"但因超强人工智能与当下智能技术发展水平相距较远，因此本书讨论的主要是介于弱人工智能与强人工智能之间的人工智能阶段，且立足于这一人工智能的发展阶段在司法的视角下进一步的分析与思考。

智能化司法的研究需要立足于当下人工智能的技术发展现实。对弱人工智能的研究，建立在传统司法制度研究的基础上，通过已有法律制度在人工智能与司法制度之间搭建一个桥梁，以规制人工智能技术的发展。而随着弱人工智能向强人工智能阶段的不断过渡，司法制度正在发生重大变化。然而，有观点将强人工智能与超强人工智能之未来性与司法强行捆绑，以科技发展否定法律框架，认为"如此今日的法律框架设计将变得毫无意义，人工智能法学的研究也不过是一场空而已"。[2] 面对

---

[1] ［英］卡鲁姆·蔡斯：《人工智能革命：超级智能时代的人类命运》，张尧然译，机械工业出版社2017年版，第24页。

[2] 刘艳红：《人工智能法学研究的反智化批判》，载《东方法学》2019年第5期，第125页。

智能技术带来的前所未有的挑战与机遇,厘清司法信息化与司法智能化间的关系不仅仅是技术层面的"观念界定""内涵剖析",还是进一步明确智能化司法的未来蓝图、建设目标与建设方向的应然之举。

二、信息化与智能化

1963年,日本学者梅倬忠夫在《信息产业论》一书中展现了"信息革命和信息化社会"的美好图景。他指出:"未来社会信息科学技术的发展和应用将会引起一场全面的社会变革,人类将进入到信息化社会。"[1]一般来说,信息技术是指信息的获取、传输、处理和应用的技术,包括检测技术、通信技术、计算机技术等。狭义的信息技术指:电子计算机数据处理技术和新一代通信技术。智能化是指人工智能技术的应用引起的社会产业结构的变革过程。[2]"人工智能"(Artificial Intelligence)的提法肇始于1956年的达特茅斯会议。目前,科学界对人工智能的内涵尚不存在统一的定义,然而"人工智能科技将引发产业变革,推动人类社会从工业化、信息化社会向智能社会进行历史跨越"已经成了一种不可争辩的事实。

信息化与智能化都是由信息技术引发的,是产业结构变革的不同阶段与过程。一方面,信息技术的理论根基从20世纪中叶已经基本奠定。相较于此,人工智能领域在理论层面尚无系统的原

---

[1] 谢阳群:《信息化的兴起与内涵》,载《图书情报工作》1996年第2期,第36页。

[2] 各项技术的主要作用如下:①检测技术主要负责信息的获取;②通信技术主要负责信息的传输;③计算机技术主要负责信息的存储和处理。详见刘弈群、吴玥悦:《信息化与智能化:司法语境下的辨析》,载《中国应用法学》2021年第2期,第16页。

理与成果，基础理论的研究也缺乏原理性创新与突破。[1]另一方面，从技术的原理属性来看，信息化与智能化的主要区别在于：①信息技术以"获取""存贮""传递""分析"信息为目标，其发展的目的在于使上述过程更为高效。而智能技术则是以"如何更为智能"为研究目标，主要通过对信息技术的结构化处理，使有效信息（数据）转化为知识，从而在知识的指导下通过深度学习来实现"越来越智能"这一目标。②从技术特征来看，智能技术具有"理解""决策""推理""预测"能力，而信息技术只能根据现有规则对信息进行自动化运行，但在无人干预的情况下，并不具备对规则本身自动优化的能力。③相较之下，信息技术与智能技术的应用领域也存在较大不同，前者主要应用于基础设施建设领域，而智能技术发展的实现路径都具有更深的不确定性，主要应用于专家系统、机器学习等领域。[2]

三、司法领域的信息化与智能化

司法领域的信息化与智能化，亦即司法信息化和司法智能化，是将信息技术或智能技术运用于司法实践的过程。司法有广义与狭义之分，广义的司法体系包括公安、检察院、法院以及司法行政机关。狭义的司法是指法院。因此，司法信息化与司法智能化具有广义概念与狭义概念，与我国当前司法语境的

---

[1] 谢耘：《智能化未来："暴力计算"开创的奇迹》，机械工业出版社2018年版，第185页。
[2] 有学者将对智能技术的应用归纳为以下四个方面：①专家系统、智能体系统和智能机器人系统；②机器学习、数据挖掘和数据库知识发现；③基于图搜索等智能算法的问题求解；④单机环境下的智能程序和在线平台的分布式智能系统。详见刘弈群、吴玥悦：《信息化与智能化：司法语境下的辨析》，载《中国应用法学》2021年第2期，第20页。

解释息息相关。

我国的法院信息化建设主要经历了从"1.0—3.0"的三个阶段。[1]当前，是我国法院正在进行以"智能化、一体化、协同化、泛在化、自主化"为特征的法院信息化建设4.0阶段。[2]我国的司法信息化为司法智能化建设奠定了坚实的基础，信息化技术的发展提高了社会的信息生产、存贮、记录、处理能力，催动了大数据时代的到来。与此同时，司法信息化建设在促进司法资源合理配置、优化司法效率方面发挥作用明显，信息技术的发展更是为我国的司法审判工作带来巨大变革。然而，"公正"和"效率"正如同车之双轮、鸟之双翼。司法信息化建设在促进个案公正裁决方面优势不够、缺陷明显，突出表现在"司法数据"对信息技术具有更高需求。比如，司法数据的"智能化"处理使机器通过学习司法数据来模拟法官的裁判，克服主观干扰与个案偏见，从而提升裁判的公正性。这一过程不仅要求通过信息技术来提高诉讼效率，更需要智能化技术模拟法官裁判（类案智能搜索与推送）以实现个案正义。因此，可以说是司法信息化孕育了司法智能化，司法智能化由司法信息化过渡而来。

---

〔1〕 这三个阶段分别是：①以"数字化"为核心的法院信息化1.0阶段；②以"网络化"为核心的法院信息化建设2.0阶段；③以"智能化"为核心的法院信息化建设3.0阶段。

〔2〕 2020年12月3日，最高人民法院召开全国法院第七次网络安全和信息化工作会议，最高人民法院时任院长周强提出"十四五"期间将建设以"智能化、一体化、协同化、泛在化、自主化"为特点的人民法院信息化4.0版。2024年3月8日，第十四届全国人民代表大会第二次会议在北京人民大会堂举行第二次全体会议，最高人民法院院长张军在最高人民法院工作报告中提出"以数字法院助力提质增效"。

第二节 AI 司法、司法 AI：两种道路与立场

面对不同的法学研究进路，不能避开的一个问题是：智能化司法，究竟是 AI 司法，还是司法 AI？这能直观反映当下法律变革的主旋律。

一、内涵厘清：AI 司法与司法 AI

（一）何为 AI 司法

AI 司法即智能司法，是司法跨进人工智能时代的产物，也是智能技术对司法发挥作用所产生的结果，运用智能技术将数据的收集、储存、运用融为一体，对司法过程与结果进行统一管理与控制。AI 司法立足于法律本体（司法本体）的研究进路，其研究的重点在于：立足于人工智能这一时代背景，分析、解决人工智能给司法领域带来的问题与挑战。关于 AI 司法，目前法学界存在两种研究方向与方法，有学者将其区分为谨慎派与变革派。[1]以刘艳红教授为代表的谨慎派认为，当前人工智能仅仅是基于智能技术发展而产生的司法领域的新问题、新领域，从根本上来讲，智能技术的发展并未对现代法律观念产生颠覆性的变革。因此，仅仅需要通过法律解释或是法律的进一步完善将人工智能纳入法律的规制范围即可。[2]而持变革派观点的学者则认为，智能技术发展是时代的必然趋势，反映的是智能时代以数据信息为基础的新型法律关系。[3]

---

[1] 马长山：《迈向数字社会的法律》，法律出版社 2021 年版，第 27 页。
[2] 刘艳红：《人工智能法学研究的反智化批判》，载《东方法学》2019 年第 5 期，第 120~121 页。
[3] 马长山：《迈向数字社会的法律》，法律出版社 2021 年版，第 27 页。

相较而言,"谨慎派"与"变革派"的关系在于:二者都以法律为本体,承认智能化司法的重心与基点在于"司法",都认同通过司法制度将智能技术引起的司法变化纳入法律规制与调整的范围。但二者的区别在于:"谨慎派"认为人工智能是法律领域的延伸(基于智能技术发展而引起的新问题、新变革,这种类型变革历史上一直都有,也是法律的滞后性所需要解决的问题)。而"变革派"认为,人工智能技术导致司法领域内当事人之间的关系等发生新变化,也即"智慧社会"导致"智能化司法",应当通过"智能化司法"来引导、建立新型司法秩序,实现现代司法体制的转型升级。

AI司法主要以"外部视角"关注由"算法"(人工智能)时代所产生的新型法律关系与程序秩序,是一种人工智能时代影响下的新型司法关系与司法制度,其建立在传统司法模式与司法制度的基础上,但融合了"技术"与"司法"的双重特点。可以说,AI司法关注所有与机器所产生法律关联(如"AI与量刑决策""AI与事实认定""AI与犯罪侦查""AI与审查起诉"),以及如何通过规则实现程序正义与实体正义。通过制约对算法黑箱、算法歧视等问题对当事人的行为模式及危害后果进行数字建模、跟踪、分析、研判,对此进行理论回应,提出相对应的司法解决路径:以"程序法"为逻辑与基点来解释规则、优化法律,甚至制定人工智能时代的新型诉讼法律关系,以构建人工智能时代的司法新秩序。

(二)何为司法AI

司法AI,亦即司法人工智能,是一种以"人工智能"为本体的研究思路。从本质上来看,司法AI主张计算思维,在其视角下,法律应当是可以被计算与数量化的,其通过司法人工智能系统来实现诉讼过程、决策过程的可视化与可计量化,并借此主导司法实践过程。高举成曾在《数字法律与司法人工智能概论》中首次提出了"数字法律"的概念。其指出"未来的世界是一个量化的世界",并进行了数字法律模式的部分顶层设计,列举出数字法律模式的八大优点。也正是由于数字法律的上述优越性,在司法审判这一环节上,得以充分彰显司法的公平性与公正性。[1]

与 AI 司法不同,司法 AI 呈现出一种"技术中心主义"的倾向性,其落脚点在"人工智能",主要从计算机"内部视角"进行分析与论证,注重技术的司法实践运用。主张将法律规则"算法化"以实现司法活动"数字化""可视化",从而解决当事人之间的法律义务关系。司法 AI 的研究重点在"法律文本提取""法律推理化""智能裁判模型",希冀通过算法与符号来表达司法活动的过程,通过"深度学习"等技术手段将法律"符号化",转化为机器可以理解的语言,进一步实现认知能力的迭代与升级,最终实现司法过程的"智能化"。

在这一司法模式下,相关工作方式与流程会发生新变动与调整。以认罪认罚从宽案件为例,刑辩律师的主要身份将从"有效辩护"或者"量刑协商"的参与者,转移至定罪量刑的"监督者",其主要职能将转变为运用自身掌握的刑法相关知识,监督、检查、核对各种主客观犯罪情况是否属实,各项犯罪的加权系数是否恰当,犯罪危害性认定的量化情况是否合理。在这一过程中,刑辩律师主要发挥"监督员"的作用,在"数字法律模式"之下,只要各项相关的量刑指标确定,那么犯罪嫌

---

〔1〕 数字法律模式的八大优点:①消除定罪跳跃性;②消除量刑阶梯性;③消除法益保护片面性;④限制自由裁量权;⑤实现程序化判案;⑥最大限度地减少司法人员与原被告之间的矛盾;⑦最大限度地实现刑罚个别化;⑧在一定程度上实现事实上的独立行使审判权。详见高举成:《数字法律与司法人工智能概论》,华龄出版社 2020 年版,第 21、43 页。

疑人应判处的刑罚与刑罚幅度将在一定程度上是可预期的。"司法AI"的运用将使司法关系产生新变化，司法活动在"可视化""可计量化"过程中运行，公、检、法、司的职能与工作流程发生改变与调整，司法裁量权将受到更严格的限制。通过这样的方式，司法与人工智能就形成了一体化的规制体系，法律制度将不断代码化，行为模式将不断数字化。在未来发展中，法律制度可能会逐渐消亡，取而代之的是人工智能司法规则和人工智能控制下的司法新秩序。

二、主体之争：以司法为主体，以AI为支撑

有学者指出，AI法律是一种立足于法律立场的研究，重在解决人工智能所带来的法律问题，[1]AI司法与司法AI均体现了智能技术与传统司法的高度融合，这点毋庸置疑，但二者代表了两种不同的道路与立场，区分的关键是以谁为中心的问题。在司法与AI融合过程中，以"谁"为主体去融合"谁"，直接决定了未来将构建以何为中心的司法秩序的问题，这是理论研究需要回答的首要问题。

首先，AI司法主要面向社会生活中的各种算法关系、行为、功能与后果，甚至"制定相关规则'以司法权力'来约束算法计算者的行为，在发生可疑后果时，通过要求程序员进行算法解释（设计者的行为），追究相关算法设计者的行为，这是一种治本之法"。[2]同时，这部分遭受过质疑的法律后果，通过算法设计者的算法解释与语言释明也成了新的智能系统训练的数据

---

〔1〕 刘艳红：《人工智能法学研究的反智化批判》，载《东方法学》2019年第5期，第120~122页。

〔2〕 郑弋：《人工智能与法律的未来》，载《探索与争鸣》2017年第10期，第84页。

样本,为法律的数字化建设提供了新的知识图谱与训练样本,促进了司法 AI 的进一步发展。

其次,司法 AI 重在将法律数量化以解决实践问题,热衷于建立法律推理模型和智能化司法系统。司法 AI 秉持的是"计算机视角下法律—智能转化"的模式,这种模式可以避免 AI 司法的不足,加速司法与人工智能的互动与融合进程。但其劣势体现为:一是司法与技术的鸿沟难以跨越。现阶段较高水准的司法人工智能产品也仅仅是在"提高司法效率""避免司法人员的重复性劳动"方面对法官的司法活动予以辅助,在自动化决策与新案件、复杂案件上的推理与法律建模方面,人工智能技术尚未有突破性进展。二是人类与人工智能最大的区别在于人具有经验理性,在司法案件的判决过程中亦是如此。司法决策(尤其是量刑过程中)存在诸多难以被计算的因素,如司法正义的判断、利益的衡量、法律推理与论证等,这些因素没有一个弹性的可即时调整的权重系数加以量化,故而以算法进行司法决策存在现实困境。

因此,"智能"与"司法"的关系应当是"以司法为主体融入 AI 优势",这一进程以"智能化司法"为定位更为贴切。这样做的好处是:一方面,在传统司法领域强调 AI 技术的重要价值,从概念界定角度对"技术无用论"进行驳斥,肯定智能技术对司法发展的重要作用及意义;另一方面也区分了"智能"与"智能化"的定义,人工智能作为一种科技手段,不论未来科技如何发展,都应当秉持"以人为本,增强人类"的立场,司法可以不断智能化以提高诉讼效率、优化资源配置。人工智能时代司法发展的本源是且只能是"司法",如法律建模的过程中需要运用法律知识,而计算机建模需要以法律知识作为理论支撑,司法与技术需要融合,二者相互融合共同发展,缺一不可。

三、AI 司法与司法 AI 的关系："互动式融合"

合理定位智能化司法与司法人工智能之间的关系，是推进"司法+人工智能"有效发展的基石。厘清二者的优点与问题才能帮助我们选择一条清晰合理的"司法+人工智能"道路。目前各级法院正在积极推进"数字法院"建设，这是司法领域内一场真正意义上的革命。对现行司法制度进行重塑式优化升级是个系统工程，可能牵涉程序规则的重构，甚至司法正义理念的重构。AI 司法重在司法场域全场景的法律规制，离不开智能技术、逻辑学等相关交叉学科的背景支撑，从而完成"法律中心主义"下的司法秩序建构，为人工智能时代的司法发展提出程序法方面的回应，建构司法新秩序。而司法 AI 研究的范畴主要在计算法学领域，虽然司法人工智能在法律建构过程中也需要法律专家将法学理论融入智能系统的建构，但司法 AI 更加关注于运用法律相关思维来建构智能司法系统。

整体来说，二者各有千秋，共同承担人工智能时代司法的新时代转型任务，其关系应当为"互补式融合"。这种融合新进路具有下列优势：一是厘定了司法本位过程中必须坚持以"司法为中心"，着眼于司法活动的全过程；二是不在细枝末节处机械衡量"司法"与"AI"的程度问题，而是针对司法实践中案件的具体情况，灵活进行"智能程度"的把握，更契合目前司法实践之需要。

第三节 中间道路:"法律多元主义"下的智能化司法

一、理论溯源:法律多元主义的创新发展

(一)法律多元主义

"多元主义法学"是由丹麦法学家斯蒂格·乔根森以相对论为基础,结合西方法学各派的精华发展而来。[1]其建立在维纳亚现实主义法学的发展之上,并对此进行了革命性的变革。[2]"多元论法学"(意大利语:PluralisJuris)大致有四方面内容:①多元的法概念论。法必须根据其自身所指涉的不同关系来予以限定,而不能仅采用一种方式进行概念界定。[3]②多元的法功能论。斯蒂格·乔根森认为,由于法具有不同的功能,单纯依靠法学自身来研究是完全不够的,法学必须与其他学科相联系。[4]③法与

---

[1] 斯蒂格·乔根森于1927年生于丹麦的吉斯特鲁普。1949年毕业于哥本哈根大学,1957年在奥胡斯大学获得学位。从事几年司法实际工作之后,成了一名私法学教授,专门研究合同法和侵权法。从1974年起在丹麦的奥胡斯大学从事法哲学的教学和研究工作。同时,乔根森还是基尔大学的客座教授,芬兰文化和艺术科学研究院的名誉会员。1975年开始,在法哲学和社会哲学国际联盟担任理事,担负重要工作。乔根森才华横溢,论述颇丰。其代表作有《侵权法》(1966年丹麦文版)、《合同和法》(1968年德文版)、《法和社会》(1971年英文、德文版)、《合同法》(1971年与1972年丹麦文版)、《法的价值》(1978年英文版)、《道德和正义》(1980年德文版)、《多元论法学》(1982年英文版)、《理性和现实》(1986年英文版)。其中的"多元论法学"主要体现于《多元论法学》与《理性与现实》这两本书中。

[2] 史彤彪:《试论斯蒂格·乔根森的"多元论法学"》,载《中国法学》1993年第3期,第102页。

[3] 史彤彪:《试论斯蒂格·乔根森的"多元论法学"》,载《中国法学》1993年第3期,第103页。

[4] 史彤彪:《试论斯蒂格·乔根森的"多元论法学"》,载《中国法学》1993年第3期,第107~109页。

法学家；斯蒂格·乔根森提出了科学的目标，进而谈及了法学的一般原则，重点论述合理性与现实性原则。[1]关于法学家，斯蒂格·乔根森指出，法学家应当具备某些特别的东西，使之扮演社会分析者和评论者的角色。法学家对社会的思考应当具有下列特点：一是强调事物应当受到规范的约束。二是法学家应当善于系统思考。比如一个问题的解决，其目的并非发现某一具体正确的结果，而在于考虑这一问题的解决对未来相似案件判决的指导作用。④多元的法源论，斯蒂格·乔根森认为，虽然以成文法形式公布的法律是主要的法源，但法的范围并不局限于国家的立法。"剖析内涵"是基于"多元论法学"视角对人工智能时代的司法的一种系统反思，除了概念本身，更多涉及概念项下的法的功能、法学家甚至科学家对此的看法，概念厘定是理论研究的重要内容。

（二）融合视角下的第三条道路：法律多元主义

现代法学流派分为法律现实主义、法律浪漫主义。有学者曾经指出："AI法律把AI纳入法律规制的框架之内，是一种基于法律本位的浪漫主义。"[2]随着人工智能时代的到来，不可否认的是："计算机逻辑已经深深植入了人类社会的方方面面。"[3]AI司法与司法AI各有特点，既不能对司法人工智能抱有太高期待，也不能过于悲观，应结合"法律现实主义"与"法律浪漫主义"的优点与长处，以"法律多元主义"为基础，构建智能司法与司法人工智能相结合的第三条道路，结合当前的人工智能技术实际发展情况，基于我国现行的刑事司法实践，顺应司

---

[1] 斯蒂格·乔根森曾指出："科学的目标必须是增长我们的知识，法学这门科学应当趋向科学的目标。"

[2] 马长山：《迈向数字社会的法律》，法律出版社2021年版，第36页。

[3] [美]卢克·多梅尔：《算法时代：新经济的新引擎》，胡小锐、钟毅译，中信出版社2016年版，第220页。

法发展的智能化时代潮流，以"融合视角"建构智能化司法的新模式，这是智能化司法发展的应有之义。

二、法律多元主义下的智能化司法

（一）智能化司法：概念的多元化

随着人工智能时代的到来，"智能+司法"处于双向奔赴的过程中。但法学家不懂技术、科学家不懂法律，这成为当前人工智能时代的司法理论与实践向前推进的一大掣肘因素。实践表明："即便是在有限的运用中，法律人由于不了解技术、无法检测功能设计、程序编写的正确性与合理性，也无法判断数据的可靠性。而科学家没有法律思维，其在进行智能功能设计的时候也面临法律思维理解不能的问题，因此容易产生算法偏差、算法偏见而不自知。"[1]较为合理的应对策略是，以"多元的法概念论"看待"司法+AI"的具体实践与理论，根据不同的应用背景与司法场景，以"融合性多元论"来界定这一概念的具体内涵。

因此，"司法+AI"的基础概念是司法，应结合人工智能的司法实践，以"智能化"的中庸说辞进行准确界定。智能化具有双重含义：第一，其主要反映了司法无限接近"智能"的发展进程，基于不同技术背景具有不同内涵。"智能化"应当是处于不断变化中的无限接近"智能"的过程。第二，"法律思维"与"计算思维"不是非此即彼的关系，随着智能化的不断进步，在司法决策领域，人工智能遵循从部分决策到智能决策的无限接近过程，但是"机器"永恒不能代替"人脑"，进行司法决策的永远只能是"人"而非"机器"。

---

[1] 邓矜婷、张建悦：《计算法学：作为一种新的法学研究方法》，载《法学》2019年第4期，第109页。

多元的法功能论认为:"法的一些功能是因社会变得越来越复杂而后加的,且单纯依靠法学自身是远远不够的,必须与其他学科紧紧相连。"以研究视角"宏观"或"微观"程度的不同,法的功能可被分为外部功能(宏观视角)与内部功能(微观视角)。

第一,法的外部功能是针对法的统治性与管理性而言的,其又进一步具化为和平与秩序。其指出:"作为冲突解决者并不是法的唯一功能,也不是最重要的功能。"一方面,法是为纷杂无秩序的社会而生,法最初的功能是解决冲突,但是随着社会经济的发展,法的主要功能应当由"解决冲突"向"防止冲突"转变,但显然这一功能被法学家们忽略了。[1]另一方面,对于从事司法职业的人而言,以"具体法律规则适用于具体的案件"虽然能够培养人们对法的尊敬感与崇尚感,但法律的作用并不仅仅是解决冲突,应当从政治与社会的角度对法律功能进行多元化分析。乔根森在《多元论法学》中模糊指出,法的解决冲突功能与防止冲突功能(管理功能、计划功能)之间关系紧密,二者缺一不可。人工智能+司法的结合问题,实质上就是"法的功能"的矛盾与冲突解决的问题,司法人工智能的着眼点在于解决冲突。而智能化司法的落脚点在于:对司法制度进行系统性变革,以司法规则的调整迭代来应对智能时代的法律问题,其重在防止冲突。"冲突防止与冲突解决"应当是互融统一的过程,区别在于考虑问题的角度不同,而防止冲突是法在现代化社会中的主要功能。因此,"司法+智能"的落脚点应当是司法。

第二,法的微观功能是以个人的价值判断与倾向为出发点

---

[1] 史彤彪:《试论斯蒂格·乔根森的"多元论法学"》,载《中国法学》1993年第3期,第105~107页。

进行分析研判所得出的一种功能,"关于正义的思考"是其重要内容。根据斯蒂格·乔根森的理解,形式正义的核心是相同案件获得平等对待,判定两个案件相同的判断方法是对比方法而非逻辑方法。亚里士多德曾提出,正义具有两种类型:分配正义和平均正义。而乔根森认为,实质正义的含义更丰富,可以弥补分配正义的不足。实质正义是法律推论的出发点,决定了公众评论社会事务和政治事务的方向。[1] 在一切法律事务与社会关系中,应当贯彻能够体现合理性、合法性与正当性的原则。法的内部功能的重心在于维护每个公民的权利,其范围应不仅局限于对诉讼案件的简单处理,应当进行广义理解。乔根森对"相同案件获得平等对待"的论述是具有可取之处的。"相同案件获得平等对待"在现代司法实践中常常表现为"同案同判""类案类判",这也是追求正义的一种形式,但"同案同判"应当被纳入对实质正义的理解,同时实质正义的概念应在"同案同判"基础上进行升华。

人工智能时代司法案件的审理与判决:一方面应当发挥"类案"的指导作用,以节约司法效率、统一量刑尺度。另一方面,由于司法信息之间的流动性,单一案件的判决可以在最大限度上发挥其作用与价值:①对于办案机关而言,能够促进司法实践活动的公开公正,增强对办案部门的监督,提升公众对司法机关的信任指数。②对于当事人而言,人工智能能够最大限度地实现"个案公正"与"社会公正"的融合,在依法保障当事人诉讼权利的同时,对社会秩序、政治秩序起到一定的指示与宣教作用。司法过程"可视化"当事人程序权利的保障应当具有积极意义:①使办案流程规范化,对当事人的诉讼权利

---

[1] 吕世伦主编:《现代西方法学流派》(下卷),中国大百科全书出版社2000年版,第627页。

进行保障;②积极履行辩护权,为当事人提供切实、有意义的诉讼帮助;③加强司法监督,使司法活动尽可能可视化、透明化;④促进辩护资源的实质平等,保护被告人的数据权利。

(二)智能化司法:多维度的研究面向

人类社会所制定的法律规范,其目标应当是"规定社会的行为以符合一系列的文化与政治概念,法服务于管理社会的最终目的",法学家应当具有某些特殊的东西,使之扮演了一个社会的分析者和评论者的角色。因此,就对于社会的思考而言,法学家应具有以下特点:一是强调事物应当受到规范的制约,而不仅仅是侧重于对事物功能与效率的简单思考。二是法学家应当具有系统的思考,而非传统人文主义者那样的具体化、个别化思考。比如,就一个案件的判决结果而言,人文主义者的思考是个别的、具体的,即该案是否对当事人实现了实质的正义。而法学家的思考应当是系统的,应考虑个案判决对未来社会发展的指导作用。法学家在研究过程中需要遵循两个原则:合理性与现实性原则。对于社会的整体发展而言,法学理论与法律实践需要进行相互作用、相互促进:法律实践为法律理论提供解决问题的相关信息,而法律理论提供给实践的是对个案判决结果在匹配基本法律体系与法学观念上的一种分析与评论。[1]

乔根森的相关论述给人工智能时代的司法变革以深刻的启示:首先,随着社会的不断发展,法学家需要研究不同专业领域的内容与知识,应当使学科具有更广泛的系统联系,法学研究不应局限于单一学科,需要具有现实性。其次,法学家应当具有跨学科的综合性、系统性知识,结合智能时代的社会背景,从人文社科的角度对人工智能的发展原理提出自己的思考与看

---

[1] 吕世伦主编:《现代西方法学流派》(下卷),中国大百科全书出版社2000年版,第633页。

法，实现研究视角的颠覆性变革。最后，需要对法学家的观念进行系统革新，进行法学人才的通识化培养，为法学家队伍积蓄后备年轻力量。

三、启示与借鉴

厘清 AI 司法与司法 AI 各自的优点与问题能为我们选择一条清晰合理的"AI+司法"道路提供合理的规划与思考。智能化司法融合了司法 AI 与 AI 司法的多元的法概念，是一种结合"司法"与"AI"优点的"互动融合式"新方式。"智能化"指明了以司法为本位的研究重点，不论未来智能化程度如何，人工智能在司法场域的发展都应当坚持"司法为主体"的应然面向。在这个框架下，智能化司法具有多元化的定义，从我国现阶段的司法实践出发构建了人工智能在司法领域发展的新模式，但人工智能的发展必须受到规范与制约。法学研究者应在厘清前提与研究框架的范畴下，以现实性的角度来思考"智能+司法"的核心问题，从人文社科的角度提出自己的思考与看法，以相关的司法理论来指导司法领域人工智能的进一步发展，坚持"增强人类"的立场与观点，对司法制度进行系统思考与调整迭代，有助于厘清人工智能时代的司法责任问题，树立人工智能时代的司法责任观。

第二章
人工智能背景下司法责任的变革

随着信息科技的不断发展，人工智能不断解放与发展司法生产力，使智能化司法不断进入法学研究者的视野。2015年最高人民法院首次提出"要建设数字法院"。从"智能1.0"到"法务云"，再到"206系统"，司法人工智能的建设正在不断改善人们心中对司法的固有印象，逐步成了我国司法改革的先锋力量。

当前，"机械裁判""智能化量刑"等问题为"司法责任"承担打开了新的缺口。通过大数据来辅助提升司法能力，有利于促进司法公正。但当人工智能技术逐步臻于成熟时，智能技术赋能于司法产生了新问题：司法责任的本质内涵是否发生改变？技术赋能于司法是否会颠覆传统的司法责任模式？人工智能背景下的司法责任问题，已成为新的学术增长点，亟待学术研究者挖掘。

第一节 司法责任的内涵厘定

现代伦理学是围绕"责任"来构建的，康德曾经指出"自己的道德理论是建立在责任的概念之上的"，[1]司法职业伦理的目的便是将这些行为的后果、道德戒律加给法官，从而约束法

---

〔1〕 陈嘉明：《建构与范导——康德哲学的方法论》，上海人民出版社2013年版，第257、281、282页。

官的自由裁量权，实现司法公正。

一、司法与司法权

"司法是司法权运行的动态过程，也即拥有司法权的机关与个人依法行使权力的一种活动。"[1]当前，司法与司法权的概念一般是放在一起进行界定的。司法权，也可以说是审判权，包含了"审理权"与"裁决权"，是全体人民通过宪法和法律赋予司法人员（审判机关与审判人员）的一种权力，其本质上是一种判断权，且是一种终局性的判断权。司法具有"中立性""独立性""专业性""亲历性""程序性""终局性""正义性""公开性""被动性"的本质特征与逻辑维度。

有一种较为开放的观点认为，司法权就是国家机关的执法权。这种观点认为，司法作为国家机关适用或者执行法律的相关活动，其具有多样性，并不仅仅为法官或者法院单独享有，进一步指出司法不仅仅是国家机关的职能，在法院或者法官之外的其他国家机关，甚至部分非国家机关的社会组织也具有一定司法性质及作用。[2]在这一观点下，司法及司法权的界定基本上等同于广泛意义上的"法的执行"，该观点并不为学界主流观点所认同。当然，笔者归纳的司法权的概念并非采纳上述标准，但上述观点依旧具有一定意义。具体来说：第一，这种对司法及司法权的界定是符合逻辑学上的分类方法的。一方面，与立法权相对应的应当是执法权，而非司法权。另一方面，国家机关的行政执法活动与司法机关的司法活动在广泛意义上都属于一种执法活动，行政执法（行政权）与司法机关适用法律，

---

[1] 张泽涛:《司法权专业化研究》，法律出版社2009年版，第2页。
[2] 于慈珂:《司法机关与司法机关组织法论纲》，载《现代法学》1993年第2期。

在逻辑上均属于同一"执法层面"。第二，在法律层面，广泛意义上的司法权也有相应的法律支撑。比如，我国《刑法》对司法人员也曾作出过范围的界分。

也有观点认为，司法权应当包括"审判权""检察权"，并由审判机关与检察机关分别行使。[1]长时间以来，这种关于司法与司法权的界定，是作为我国理论界的主流观点存在的。支持理由一般有：一是检察权与审判权分别由检察院与法院享有，其定性为司法权，具备宪法依据，从宪法对审判权与检察权的章节安排来看，其已经将检察院与法院明确为司法机关。二是从政策的角度来看，我国传统意义上的习惯与惯例也是将检察院与法院作为司法机关来处理的。三是这一概念的分歧点主要在于是否将检察院定义为司法机关。关于此，支持理由主要有：检察权与传统意义上的行政权是截然不同的，行政权主要强调的是效率，强调自上而下的服从关系，而检察权具有独立性，强调公正，这点也与司法权的独立性相契合。四是将检察机关定义为传统意义上的司法机关并非我国独创，世界上诸多大陆法系的国家均有如此的定位，将检察官和法官统一以司法官的身份看待，也符合大陆法系国家的实践。

狭义的司法，仅仅指法院的裁判活动。[2]这种观点把司法限定于法院的审判活动。广义的司法包括"公检法司"等国家公权力机关的公权力活动。孟德斯鸠认为，司法权力是惩罚犯罪或裁决私人诉争的权力。[3]陈光中教授认为，司法的本质不应被狭隘地理解为审判，应当界定为诉讼"即国家解决纠纷、

---

〔1〕 张文显主编：《法理学》，法律出版社1997年版，第365页。

〔2〕 王利明：《司法改革研究》，法律出版社2000年版，第6页。

〔3〕 [法]孟德斯鸠：《论法的精神》（上册），张雁深译，商务印书馆1961年版，第155页。

处罚犯罪的诉讼活动",这样才符合中国的司法实践。总的来说,"司法的本质决定了司法制度的顶层设计、中观架构和微观运作"。[1]

二、司法责任的概念解说

(一) 司法责任的概念

官方文件尚未对"司法责任"作出特别清晰的阐释,因此对司法责任一词的准确理解,需要从其上位概念"责任"中找到答案。一方面,责任有两层含义:第一,分内应当完成的事(义务),这种义务主要是基于"岗位""职责"上的要求等;第二,未合理履行这种"应尽的义务"时,所应当承担的过失与不利后果。另一方面,所谓的责任,不仅仅包括这些由法律规范所调整的外部责任,还包括由伦理规范调整的内在责任。司法责任不是一个全新的概念,我国《宪法》[2]、《法官法》等对司法责任并无系统且规范的表述,其表述散落于"中央文件""最高人民法院司法文件"等诸多领域,"司法责任遂成为理论界与实务界颇有争议的一个概念"。[3]根据中国知网,潘汉典1983年在《环球法律评论》发表《美国司法责任论》的译文中,最早使用了"司法责任"一词,并将其解释为"执行司法职能的个人或者机关可能负担的各种方式的责任"。

司法责任在产生之初主要意指"应当承担的过失与不利后果",具体在司法实践中,司法责任主要是针对法官的问责机

---

[1] 陈陟云、肖启明:《回归本质:司法改革的逻辑之维与实践向度》,法律出版社2015年版,第2页。

[2] 《宪法》,即《中华人民共和国宪法》。为表述方便,本书中涉及我国法律文件,均使用简称,省去"中华人民共和国"字样,全书统一,后不赘述。

[3] 金泽刚:《司法改革背景下的司法责任制》,载《东方法学》2015年第6期,第126页。

制。[1]随后,这一概念被实务界与理论界广泛使用。直到2015年9月21日《最高人民法院关于完善人民法院司法责任制的若干意见》[2]颁布,"司法责任"的概念发生了质的变化。此后,学术界与实务界对这一概念的理解与认识不断加深。最高人民法院何帆法官在《全面准确落实司法责任制的三个维度——兼论中国特色司法责任体系的形成》一文中指出:"司法责任制是一种权责分配机制,重点在于科学划定审判权力运行边界、明确各类主体职责。"[3]原海南省高级人民法院院长董治良指出:"司法责任作为一种法律责任,具有角色义务与职业行为不当的后果之双重内涵。"[4]金泽刚教授在《司法改革背景下的司法责任制》一文中指出:"司法责任不仅仅是违背司法职守的责任追究,还要增加与责任相一致的司法权力配置因素,增加责任担当意识。"[5]张文显教授认为:"司法责任不是简单地归结为错案追究,司法责任制的核心是实现权责相统一。"[6]整体来说,随着学术界与实务界对司法责任概念的深入研究,对司法责任的理解正在进一步深化。

(二)司法责任的本质内涵

在司法责任领域,经过不断的演进与精细化,已经构建起

---

[1] 范成珊、岳联国:《司法责任原则初探》,载《法学杂志》1984年第1期,第14~16页。

[2] 《最高人民法院关于完善人民法院司法责任制的若干意见》将审判权力运行机制、明确司法人员职责与权限、审判责任的认定与追究、加强法官的履职保障等都纳入了司法责任制度改革框架。

[3] 何帆:《全面准确落实司法责任制的三个维度——兼论中国特色司法责任体系的形成》,载《中国法律评论》2023年第1期,第198页。

[4] 董治良:《司法责任制的建立与实践》,载《人民法院报》2015年5月6日。

[5] 金泽刚:《司法改革背景下的司法责任制》,载《东方法学》2015年第6期,第127页。

[6] 张文显:《论司法责任制》,载《中州学刊》2017年第1期,第47页。

一套成熟的理论体系与制度架构,并且在此基础上产生了一系列理论成果,形成了广泛的学术共识。系统意义上的司法责任体系,是一种包含多种要素的结构性制度安排,包含审判权力运行、审判资源分配、法律统一适用、违法责任追究、依法履职保障和司法质效监管等制度机制。[1]《最高人民法院关于完善人民法院司法责任制的若干意见》规定:"完善人民法院的司法责任制,必须以严格的审判责任制为核心。"该意见所称"审判责任"主要指违法审判责任,即"法官在审判工作中,故意违反法律法规的,或者因重大过失导致裁判错误并造成严重后果的,依法应当承担违法审判责任"。然而,司法责任的理论基础、制度框架以及规范模式仍有待进一步的拓展与深化。特别是在人工智能技术对社会生活产生深远影响的当下,对司法责任的制度根基、结构以及规范框架进行深入研究显得尤为迫切。随着司法责任改革的不断深化,司法责任不仅仅包括"责任追究"问题,而是涵盖了"权力(power)""义务(obligation)""责任(responsibility)"多重含义的综合性概念。具体来说,其具有下列属性:

第一,司法责任具有权力属性,赋予相关主体司法权并规范权力行使。一方面,司法权的行使主体是审判机关,其享有完全的司法权。另一方面,司法权行使的具体承担者是审判组织与法官。司法责任具有权力属性,具体表现为,遵守司法权的运行规律,赋予相关司法主体以司法权,科学配置司法权力以理顺权力的运行。从这个意义上来讲,司法责任的重心是明确相关司法主体的法定职权,指明司法机关中的每个司法主体的权力范畴,促进司法主体权力的科学、合理运行,遵循"法

---

[1] 何帆:《全面准确落实司法责任制的三个维度——兼论中国特色司法责任体系的形成》,载《中国法律评论》2023年第1期,第198页。

无授权不可为"的底线。

第二，司法责任具有义务属性，其严格要求每一个司法主体履行司法义务。而义务属性的出发点和落脚点就是"明辨司法职责"。从现代法治的意义上来说，职权与职责总是相伴而生且相辅相成的。从权力角度来看，权力主要体现为对外的强制性，要求他人进行服从。但是，职责表现为对内的强制性，以及要求权力的主体内部必须行使相对性的义务（职责），不得拒绝。因此，司法责任具有对内性与对外性的双重特征：对内体现为全体主体必须为一定的义务且不得拒绝履行职责，对外的强制性又基于其"权力"属性，具有让人顺从的力量。

第三，司法责任具有可归责属性，强调权责一致。权责一致是任何权力科学、合理、正常运行的基本规律，司法权的运行亦如是。[1]司法主体未合法履行相应义务导致严重后果应当承担责任，具体表现在特定情形下应当承担的不利后果，这种特定情形主要针对"故意或者过失违反法律规定或者重大过失并造成严重后果"。从司法责任的归责属性来看，这种不利后果应当与司法主体的"行为的具体方式""性质""后果之严重程度"相结合，进行综合确定，并根据司法责任承担方式具体确定为"党纪责任""政纪责任""法律责任"等不同形式，如法官的惩戒方式有"停职、延期晋升、退出法官员额、免职、责令辞职、辞退"等。

三、司法责任的具体构成

（一）责任主体

研析司法责任结构，首先应该确定的是：谁是司法责任的

---

[1] 黄怡：《司法责任制改革实践与发展研究》，人民法院出版社2019年版，第31页。

承担主体。司法机关是司法责任的主体之一，其依据主要有《宪法》《国家赔偿法》《中共中央关于全面深化改革若干重大问题的决定》《中共中央关于全面推进依法治国若干重大问题的决定》等内容，以上主要是从司法权的实施主体、审理者的角度对司法责任进行的界定。司法权的真正拥有者以及理论上的行使者是司法机关，每一份司法裁判文书除了法官署名之外，也需要加盖法院印章。因此，法官受法院的授权才得以行使司法权。

作为一种法律拟制主体，司法机关行使司法权必须通过一定的程序以及司法人员具体为之。一方面，随着我国法治体系的不断细化，司法机关作为整体来承担司法责任，这是国家责任的一种方式。在审判语境下，司法责任的主体存在不同理解：其一是指参与审判活动各个环节的各类人员；其二是审判活动中审判权行使者。随着我国司法责任制度改革的不断深化，"让审理者裁判，让裁判者负责"的责任承担方式将发生转变，即司法权将由权力的实际拥有者或行使者来承担，司法责任主体只能与审判权的行使密切相关。[1]另一方面，司法责任的设定也不仅仅是为了追责问题，而是要从根源上厘清司法权的职权配置问题，解决司法机关在内部的关系运作过程中产生的"内部之间"关系问题，让实质上的审理者来进行裁判。

（二）责任内容

在我国现阶段的司法实践中，仅存在三种法官的责任，即"违法审判责任""司法伦理与纪律责任"及与司法管理人员的"监管责任"。对于责任内容尚未廓清，对法官责任也未能予以规范化构建。以法官的司法伦理与纪律责任举例，现阶段仅仅

---

[1] 孙辙：《关于司法责任的几个基本理论问题》，载《人民司法》2022年第28期，第102页。

规定了法官违反司法伦理与纪律行为的具体表现，并规定应当按照法律和相关的纪律规定各自处理。而对于司法管理者的监督管理责任，也仅仅通过框架性层面界定了违反监督管理职责的具体行为方式，并指出应当"依照干部的规定和程序进行相应处理"。实践中，"违反审判责任"相对确定，而"司法伦理与纪律责任"及司法管理人员的"监管责任"则具有不确定性。因此，司法管理者经常会通过追究道德责任或纪律责任的方式来追究法官责任。这不仅对法官责任范围和责任种类产生认识，也模糊了法官"审判责任"的制度界限，增加了责任追究的不确定性，对法官司法行为的选择产生了不当影响。

《最高人民法院关于完善人民法院司法责任制的若干意见》明确了应当承担违法审判责任的情形，包括：①审理案件时有贪污受贿、徇私舞弊、枉法裁判行为的；②违反规定私自办案或者制造虚假案件的；③涂改、隐匿、伪造、偷换和故意损毁证据材料的，或者因重大过失丢失、损毁证据材料并造成严重后果的；④向合议庭、审判委员会汇报案情时隐瞒主要证据、重要情节和故意提供虚假材料的，或者因重大过失遗漏主要证据、重要情节导致裁判错误并造成严重后果的；⑤制作诉讼文书时，故意违背合议庭评议结果、审判委员会决定的，或者因重大过失导致裁判文书主文错误并造成严重后果的；⑥违反法律规定，对不符合减刑、假释条件的罪犯裁定减刑、假释的，或者因重大过失对不符合减刑、假释条件的罪犯裁定减刑、假释并造成严重后果的；⑦其他故意违背法定程序、证据规则和法律明确规定违法审判的，或者因重大过失导致裁判结果错误并造成严重后果的。

（三）责任类型

责任类型化标准应当考虑法院的不同层级与区域差异。因为不同的法院践行的制度功能不同，其制度资源具有明显的差异性。同时，法院的管理者一般都会基于法院系统的内部整体性对司法责任进行二次分配，以实现法院整体运转的顺利进行，维持法院审判质量的稳定性。这代表着不论是法院组织层面，还是法院系统内部的法官，厘清相关的责任关系都是审判管理制度构建中的"着力点"。首先，法官的人物角色具有复杂性，如法官同时具有法官、公务员、党员等多重身份特征，这种多重身份产生的责任类型也具有多样性（如审判责任、纪律责任、廉政责任），而多身份与多责任类型的追责格局互相交错。

同时，法官责任常常被司法实践中的司法责任所裹挟，导致司法问责中对法官的问责主要被纳入司法责任追究体制。但在司法实践中，这一责任追究机制往往与其他问责机制交织重叠，使法官经常在行为与观念上将"责任"仅视作"组织纪律责任"和"违法审判责任"，忽视"司法伦理与纪律责任"。其次，某些地方法院基于自身利益与业绩需求，纷纷制定"冤假错案"责任追责办法，甚至增加"缺陷案件"责任追究办法，从而与最高人民法院角逐制度话语的解释权，通过对审判管理责任的追究以替代审判责任，实现法院司法权的有序运行。

前者毫无疑问加重了责任制度领域的错乱，后者则增添了对司法权的影响从明显方式向潜在方式的制度转变。不论是哪种方式，都会增加法院管理的难度。结合我国的司法实践来看，当前的法官责任追究类型可分为结果责任、程序责任和职业伦理责任。[1]结果责任模式是一种在案件出现裁判错误的情况下对存在过错的法官予以追责的制度模式。程序责任模式，是指在法官在审判过程中存在程序违法行为并造成严重后果的情况

---

[1] 陈瑞华：《法官责任制度的三种模式》，载《法学研究》2015年第4期，第5页。

下，对其予以追责的制度模式。职业伦理责任则属于法官因违反职业伦理规范而要承担的法律责任。这三种责任的一些内容已经被确立在我国的法律和规范性文件之中。

第二节 司法责任的技术赋能

人工智能的高速发展给司法领域带来了突破性变化，从多方位促进了司法领域的重塑。总体来说，技术赋能下的司法责任样态主要表现为：

一、以技术理性约束自由裁量权

公众对司法的信任主要源于对"法官"的信任，因为法官是接触公众的最重要的群体之一，而公众对司法的不信任主要源于司法的任意性。人工智能的技术运用改变了司法领域中法官的判断和决策模式。有学者曾经指出，人工智能时代，法官的判断与决策模式从"单一人脑决策"向"聚合型智脑决策"转变。[1]在传统司法活动模式下，法官根据个人知识和实践经验进行案件裁决，基于"内心朴素的正义观"形成初步判断，通过法律推理与法律论证形成案件的审理结果。这种判决结果受到法官自身的思维能力、专业技术水平的影响。而迈入人工智能时代后，"数据检索""裁判文书智能生成""单一证据校验"等人工智能技术的应用改变了传统的司法裁判模式。

具体来说：第一，司法人工智能系统的形成是以"法官的普遍经验"为前提的，因此人工智能技术的运用能给较低层级（专业技术较弱）的法官在裁判时提供参考，防止由于水平不足

---

[1] 赵杨：《人工智能时代的司法信任及其构建》，载《华东政法大学学报》2021年第4期，第74页。

产生的判案不公。第二，司法人工智能系统将全国各个领域的海量司法数据模块化为司法大数据，并通过大数据分析，使全国各地的同一类型案件的审理进行"类案类判"。第三，人工智能可以将"司法解释""法官的判决的司法数据""相关指导意见"等予以统一收集与整理，通过对案件的大数据分析，以获得一个较为客观的裁判结果。人工智能技术的运用弱化了不同审级之间的关系，弱化了法官与法官专业水平对案件结果的影响力度，增加了裁判结果的可预测性，使相似案件能够得到相似的判决，这有利于约束法官的自由裁量权，促进法律适用的统一性。同时，裁判偏离预警系统也使得传统模式下法官对案件裁量的任意性进一步得到控制，有利于实现"司法公正"，增强公众对司法的信服度。当然，自由裁量权的削弱也产生了一个重要问题：法官对机器的依赖更强，导致原本赋予法官的自由裁量权被事实上弱化或转移。例如，人工智能系统可能由于算法设计的缺陷、数据偏差或外部干预而产生错误的判断，这可能导致司法不公。如果法官完全依赖技术输出，甚至可能会出现技术决定取代法官判断的情况。

二、大数据决策使决策结果可预期

公众对司法的怀疑态度往往源于司法的不确定性。在传统的司法审理模式中，法官的个人经历、认知水平、专业技能水平都不相同，司法裁判往往具有较大的不确定性。人工智能技术的深度学习功能，通过不断完善与归纳整理海量的司法大数据，对司法大数据进行结构化分析——使得法官的思维方式数据化逐渐成为可能，分析并逐步总结出更符合司法发展的规律、更符合中国国情的司法决策规律，而这种通过智能系统分析总结出来的裁判规律是建立在海量的法官群体办案经验上的，是对法官办案经验的总结、提炼、归纳，其中融入了最高人民法院、省最高人民法院等高级别、高办案水平法官的办案经验与办案数据，使得整体案件裁量的结果更为符合立法的精神且更具科学性、普适性，当然也更符合立法精神与罪责刑相适应原则，更易于被公众或当事人所接受。相比于人工智能，人类的情感丰富多样，能够有效地连接各部分错综复杂的社会关系，面对不同的情境实现主体角色的自由转换。在这一过程中，司法裁判不仅仅只靠程序公式推导，其本身也具有不确定性。人工智能在信息筛选、知识记忆、分析判断、逻辑推理、快速总结归纳等方面有相较于人类法官的突出优势。[1]人工智能技术本身具有的大数据分析优势能在一定程度上消解司法的不确定性，通过对案件各项信息进行量化分析，匹配出"类案"，为法官进行审判提供决策参考。

三、算法透明助力司法公开

我国司法的运行机制呈现出了明显的"国家力量主导"样态，传统意义上的司法公开以及其所追求的"互动和沟通"难达实效，公众的司法信任自然大打折扣。而人工智能技术发展逐渐产生了"数据权威"，[2]人工智能的运用使得"即视化"成为司法领域的新常态，也成为司法公开的新趋势。在此背景下，算法透明成为推动司法公开的关键。算法的可视化展示不仅能够增强司法决策的透明度，还能让公众更加直观地理解司

---

〔1〕 赵杨：《人工智能时代的司法信任及其构建》，载《华东政法大学学报》2021年第4期，第75页。

〔2〕 有学者指出，信息化时代在传统权威与现代权威分类的基础上分化出了"数据权威"这一新型权威形式与内涵。数据权威具有以下特点：一是网格化特点，将传统权威与现代权威垂直与平行编织成网；二是暗箱式特点，其生成隐藏于日常生活的有形世界之下；三是数据权威依存算法、具有自我运算的特点。

法过程和结果，有助于构建公众对司法系统的信任，减少误解和猜疑，从而提高司法的公信力和权威性。同时，算法透明也有助于司法人员自我监督，确保司法决策的公正性和合理性。

智能技术推进了"线上庭审"等手段的不断完善，尤其是在疫情防控期间，在线庭审的频率逐渐提高，通过线上庭审与当事人、公众之间形成良性互动，加大司法公开力度。需要指出的是，在人工智能技术推进"即视化"的过程中，当事人的诉讼权利、公众的民主权利也应当通过优化司法制度进行保障。只有如此才能实现人工智能与传统司法实践的深度融合。大数据的运用为司法公开高效多元信息传达和反馈创造了可能，使公众与司法的良性互动逐渐深化。因此，算法透明不仅能够促进司法过程的民主化，还能增强公众对司法公正的信任。

四、智能模型提高司法效率

司法效率低是传统司法模式的弊端之一。当前，我国传统司法面临着以下问题，一是案多人少问题成为司法沉疴之一，有限的法官人数远远难以应对日益增长的案件数量；二是在海量的案件中，"简单""重复性"的案件数量占据了法官很多时间，使法官难有足够的时间与精力去解决"重大疑难"复杂问题。也就是说，在目前的司法环境中：一方面，简单、重复性的工作占据了法官较多的时间和精力，使法官在这些简单、重复性强的工作中难以脱身；另一方面，司法资源难以得到有效的分配，专业技术高的法官受困于这些简单、重复性强的工作，有限的时间与精力应当向重大、疑难、复杂案件倾斜，但在司法实践中法官往往无法顾及。

在案件的办理流程中，对案件本身的繁简分流、分类处理应当成为新阶段司法制度完善的重要举措。有学者曾指出："在分流司法的同时要简化审判程序，减少案件办理环节中的过分拖延，对提高司法效率，便利公众通过司法救济的方式寻求争议解决，化解社会矛盾，最终形成对司法的信任。"[1]智能技术数据处理的便捷性及高效性为提高司法实践中的办案效率提供了强大的技术力量。现阶段，人工智能的应用对法院的诉讼流程与审判方式产生了质的影响。比如，江西法院使用智能手段，有效提升了送达效率，促进了集约化、智能化送达。2016年，上海法院推动案件审理的智能化管理，浙江法院创建了庭审智能语言识别系统，大大提高了审判记录过程的准确性。整体来说，人工智能技术对司法领域逐渐产生较大变革，对现行的司法秩序的影响正在逐渐深化。

第三节　人工智能对司法责任制的冲击及挑战

一、厘清司法责任的必要性

（一）实现司法公正

厘清司法责任的首要价值便在于促进司法公正。康德指出："自己的道德理论是建立在责任概念之上的。"[2]在智能化司法时代，司法人工智能系统承担着一部分辅助决策功能，即便司法实践中决策主体依旧是法官（审判机关与审判人员），但人工智能不可避免地对司法决策产生了实质影响。因此，对智能化司法阶段司法责任的研究，无法脱离"技术"与"人"的双重影

---

[1] 马洪伟：《基于形成机制的司法公信力建构》，载《江西社会科学》2015年第8期，第165页。

[2] 陈嘉明：《建构与范导——康德哲学的方法论》，上海人民出版社2013年版，第281~282页。

响。"责任"是一种"自我抑制"的概念,也是一种伦理概念。"义务担当应以责任履行为前提,唯有具备了很强的责任意识、责任能力并时刻担当起责任的人,才具备对责任的超越性向往和追求。"[1]司法责任的建构需要在人工智能背景下进行理论创新,而理论的创新又引领司法实践的进一步发展,二者相互依存,缺一不可。因此,厘清人工智能在司法领域应用的责任问题,对充分发挥人工智能的实效、促进司法正义具有重要价值。

(二) 促进司法正义的实现

司法实践中道德规范错综复杂,而司法主体的境况也在不断变化。司法主体必须遵守职业共同体所设置的伦理规范、道德规范,这部分内容是对法律的重要补充。而伦理规范或道德规范、法律规范的本质都是对法官的权责予以规范和制约的过程。作为司法主体之一,熟悉相关法律规则、熟悉案件相关法条规定是法官的基本能力与履职前提。在此基础上,法官需要遵守相应的伦理规范、道德规范。同时,司法责任的"义务属性"要求每一位司法主体都应当履行相应的司法义务,"明辨司法职责",实现权责一致。在人工智能技术的加持下,司法程序全流程公开、司法业务全流程留痕,司法人员的权力在技术的监督与约束下运行,受技术与法官的双重制约与监督。因此,明晰技术人员与司法人员的职责与内容也是顺应人工智能发展的浪潮、促进正义实现的应然之举。

(三) 规范人工智能的司法应用

有学者曾指出:"人工智能时代,人们享受智能技术带来的便捷与自由时,又深陷于受智能造物支配与控制的危机中。"[2]

---

[1] 唐代兴:《生境伦理的知识论构建》,上海三联书店2013年版,第226页。
[2] 闫坤如、曹彦娜:《人工智能时代主体性异化及其消解路径》,载《华南理工大学学报(社会科学版)》2020年第4期,第25页。

随着智能技术不断深入司法领域,如何正位机器的"辅助性工具定位"、规避司法主体异化的风险是当前法学界需要面对的一大难题。厘清司法责任的具体内涵与实质特征,明确司法责任内涵,对智能化司法的责任内容进行控制,能够从理论层面回应司法人工智能应用的"技术隐忧"问题,合理看待司法领域人工智能的负面影响与积极效用。在此基础上,厘清智能化司法的责任问题有利于建立面向人工智能的司法责任观,建构符合智能技术发展的责任框架,规范人工智能技术的运行,使智能化司法朝着"以人为本,增强人类"的方向长远发展。

二、现行司法责任制的问题

当前,我国的司法责任制度是一种多制度并行的综合性模式。[1]从整体来说,这种综合责任制度模式具有一定的优势:一方面,其无需改变现有的权力架构,能够最大限度地运用现有权力运转模式的优势,降低制度变革的试错成本。另一方面,这种司法责任模式能有效吸收各制度的优点与长处,以实现对司法主体"全方位""多领域""深层次"的监督与制约。然而,传统责任模式存在以下问题:

(一)追责制度分散化

现阶段,我国的司法责任制度是一种"多重并行模式",其制度体系相对分散,责任制度的规定主要分布于各法律法规、党纪政纪制度规范、职业道德、职业伦理等文件之中。在法律法规规范层面,由于制度的指向不同,责任内容的作用范围与运作机制也不尽相同。与此同时,基于制定主体、规制内容的不同,不同责任制度对于同类事项下相同人员的要求也不尽相

---

[1] 孙辙、杨春福:《论我国法官司法责任制度的逻辑与范式》,载《南京社会科学》2021年第8期,第93~100页。

同，存在重叠或冲突。从我国目前的司法现状来看：一方面，现行司法责任制度的相关规定散落于《法官法》《公务员法》等不同体系文件中，其追责制度相对分散。具体来说：一是缺乏专门的责任规制立法文件；二是缺乏统一的司法责任制度体系。另一方面，从相关规范性文件来看，不同文件内容的侧重点差异导致追责内容存在冲突。因此，各部门为提高司法追责的实际操作性，一般会结合本地的司法实践进一步细化规定，由此导致各地追责标准不统一，造成司法追责的地区差异化。因此，需要进一步明确思路，在保持制度的权威性与形成有力的制度合力中寻求最佳平衡点。

（二）追责主体多元化

在司法实践中，法官在具备法官身份的同时，往往同时具有多重身份特征，比如党员、国家公务员、领导干部等。因此，基于公务员法、党纪党规等身份属性下的追责模式，其效力必然涵盖法官。同时，法官身份的多重性为其他职能机构参与司法追责提供了现实可能性。我国这种内外并重的司法责任追究模式，其设置本意是通过内外配合来监督司法主体的司法行为，以保障司法权的公正、合理、有效运行。但在实践操作层面，二者的交错会导致"去责任化"弊端，前者对具体案件的主要内容并不会进行实质性的监督，难以收获实效；后者由于是法院的内部机构，往往在责任追究的积极性与效果上大打折扣，监督作用明显变小。因此，多元化的追责主体并不能实现对司法责任的有效追责，还可能产生司法腐败问题。

（三）问责基准不统一

问责基准指的是对司法责任进行追究的标准。从不同层级与地域的法院发布的问责标准来看，司法实践中法官的问责基准并不统一，且不同问责基准的差异较大。如对违法审判责任的追究，主要考虑审判行为的违法性。对纪律责任的追究，主要看司法主体行为的违纪性。又如，案件质量责任主要着眼于法官审理案件的质量问题。司法责任的问责基准差异较大且存在重视客观标准而轻视主观标准、重视最终结果而轻视行为作出过程的问题。[1]问责基准的"重客观轻主观""重结果轻过程"与现代意义上的司法运作规律和司法审判逻辑相背离。[2]在这种逻辑的主导下，公众对司法责任追究的看法产生了一定程度的认知异化，认为"只要案件被改判，被告人被冤枉"就要追究办案法官的责任，但却往往忽视法官在具体办案过程中的主观过错因素。这种认知异化导致了司法责任追究的片面性，进而影响了司法公正的实现。

三、人工智能对传统司法责任的挑战

（一）责任主体的多方位性

将人工智能运用于司法领域，通过技术理性约束了司法的任意性，使得较高级别与较高水平的法官的经验得以通过智能系统获得数据化处理，有利于缓解"差异化司法责任格局"。在人工智能时代，法官的判断与决策模式"从单一人脑决策"转向"聚合智脑决策"。[3]智能技术的运用改变了传统司法领域的判断与决策模式。在司法决策的过程中，"技术理性"在一定程度上排除了非理性因素的不恰当影响。在程序方面，人工智能为"程序正义"的实现提供了便捷条件，在效率层面，人工

---

[1]《人民法院违法审判责任追究办法（试行）》和《人民法院工作人员处分条例》指出，对法官的问责均以主观上存在过错为前提。

[2][美]理查德·A.波斯纳：《联邦法院——挑战与改革》，邓海平译，中国政法大学出版社2002年版，第237页。

[3]赵杨：《人工智能时代的司法信任及其构建》，载《华东政法学院学报》2021年第4期，第74页。

智能通过强数据处理能力为司法决策赋能,大幅度提高了矛盾解决的速度与质量,促进了司法公信力的提升。

总体来说,我国现行司法责任制度本就存在追责主体多元化问题,技术赋能于司法会加剧责任主体的多元化程度。同时,法律或者司法判决只有获得公众足够的认同与尊重才能使人信服并自觉遵守。有学者指出:"单纯的人工智能进行司法活动,可能导致司法活动丧失多样性以及特定的人情内涵。"[1]伴随着技术的进步,人工智能的作用越来越强,对其责任也应当进行明确的划分。而在智能化司法背景下,一旦出现司法错误,是否需要对相关技术人员追责、怎么追责?负责司法人工智能部署的系统部署者是否应当承担司法人工智能产品的部署责任?如何对各参与主体间进行责任划分与权责分配?对这些问题的解答,需要立足于技术发展的潮头,立足于现阶段技术水平及司法实践情况,进行前瞻性思考。

(二)责任内容的复合性

有学者指出,司法责任制度是一种制度体系,其重点有:"设定责任""规范责任""落实责任(责任的实现)""追究责任"。[2]然而,现行司法责任的概念仅包括"司法""责任",并未明确其"职权"内核。有学者曾指出:"审判责任包括违法审判责任、审判瑕疵责任和监督管理责任三种形态,其核心是违法审判责任。"[3]可以看出,将司法责任仅仅认定为未尽职责应当承担不利后果的观点依旧不绝于耳。随着我国法治进程的不

---

[1] [德]阿图尔·考夫曼:《法律获取的程序——一种理性分析》,雷磊译,中国政法大学出版社 2015 年版,第 7 页。

[2] 黄怡:《司法责任制改革实践与发展研究》,人民法院出版社 2019 年版,第 58 页。

[3] 李浩主编:《员额制、司法责任制改革与司法的现代化》,法律出版社 2017 年版,第 435 页。

断推进,这一误解被学界与实务界所认识。正如前述,司法责任的上位概念是"责任",而责任一词本身就有"职责与过失"双重含义。因此,作为责任的下位概念,司法责任的准确界定应结合"职责"与"过失"进行延伸与拓展。

从权责统一的角度来看,作为一种复合型概念,相关责任框架的建构至少应突出"明确职权"与"确定责任"内容,将其与传统"责任追究"概念进行区分。有学者提出,以"司法责任作为责任追究相关概念的具体内核",以体现不同责任后果的区别,[1]当然这仅仅是一种理论探索,并非本书的研究旨趣。因此,司法领域人工智能的不断渗透,对传统的司法责任内容也产生了冲击,人工智能的技术赋能使"技术"对司法决策产生了实质影响,加剧责任内容的复合性。因此,立足于智能化司法的发展实践,明晰司法人工智能的部署、设计、审查、使用等全流程,能够防止人工智能的技术失控,促进人工智能在司法领域的良善运行。

(三)追责制度的混合性

人工智能进入司法领域,为司法领域问责基准的统一提供了契机:一是智能技术的"可视化"优势,能够将办案证据等内容进行固定(比如区块链存证),将案件的决策流程与司法裁量因素尽可能数量化,规范了司法决策中客观因素的影响范畴。二是人工智能技术具备较强的信息处理能力,能够将司法责任的问责标准进行体系化构建,对法官决策中的风险问题进行提示,为智能化司法决策提供了智力支撑。同时,人工智能技术以"技术理性"制约"情感理性",其本身也是对人类法官自由裁量的一种技术控制。

---

[1] 黄怡:《司法责任制改革实践与发展研究》,人民法院出版社2019年版,第58页。

但也要看到，司法人工智能虽然是一种辅助工具，但其"辅助作用"会随着人工智能技术的发展而进一步深化。由于司法部门往往不具有相应的技术能力，因此在对司法人工智能进行系统部署时，往往会求助于"科技公司"，以技术外包或者招投标的方式将司法人工智能的技术部分转移出去。此外，智能化司法的责任主体并不局限于法官，也包括技术人员、系统部署者。一旦司法人工智能的系统部署相关人员与技术人员出现利益勾连，让不合格的司法人工智能产品进入司法领域，将严重威胁司法公正。因此，人工智能背景下的责任追究制度具有混合性，传统的司法责任制度难以有效应对人工智能对司法领域产生的责任调整。对此，较为合理的应对策略应当是：构建一种多主体的复合型问责制度，把相关主体纳入智能化司法的责任体系，通过多维度的责任控制体系与责任监管体系，将技术人员的技术责任追究方式和对系统部署者的廉洁性等责任追究方式纳入智能化司法的责任框架。

第四节 面向人工智能的司法责任态势

一、形成科技与法律互动的司法秩序

伴随着人工智能的发展，大量的技术规范正在不断转化为法律规范，并由国家强制力进行保障实施。法律与科技的融合将推进技术优势与制度优势的进一步融合，逐步实现科技与法律的共同治理。智能化司法中的算法决策依据的是通过数据、算法、建模所构建的"计算正义"，而非人本、人文层面的正义。[1]算

---

[1] 李训虎：《刑事司法人工智能的包容性规制》，载《中国社会科学》2021年第2期，第54页。

法是驱动"智能"的关键，算法规则的程式设计可以将司法实践中的规则数据化，以此作为智能化司法的重要工具。可以说，算法是智能化司法的重要技术支撑。智能科技的运用推动了法律制度与社会制度的整体变革，算法深刻地影响了智能社会的法律关系与社会关系，比如自动驾驶领域智能机器人的发展引起了关于"机器人主体地位""责任分配"领域的诸多讨论，智能算法在共享经济中发挥着信息资源匹配的重要作用，产生了新的"公平竞争""大数据杀熟""信息泄露"问题。在这一背景下，我国司法领域正在形成科技与法律互动的司法秩序。这种新兴的司法秩序对制度的建构提出了新的需求——技术与司法领域的影响明显，需要对传统的司法责任制度进行优化与调整，立足于智能化司法对责任领域带来的新发展，优化传统司法责任的承担模式，构建面向人工智能的司法责任观，适应"科技与法律互动"的司法秩序。

二、改变传统的司法责任承担模式

人工智能在多个领域的渗透催生了司法责任领域的"去责任化"态势。人工智能进行司法决策面临"算法黑箱""机械裁判"等问题，与司法"公开透明原则"形成强烈对比。不仅"人工智能裁判因缺乏'公开性'与'透明性'极易产生'先天'或'人为'的偏见"，[1]也因为形式上的不透明而减损了必要的司法程序，损害程序正义。人工智能司法决策的推进，其核心问题是司法责任的承担问题。结合我国传统司法模式的现实情况，厘定智能化司法的责任承担框架，就必须要解决智能化司法的责任主体问题：即"智能化决策"的责任承担问题，

---

[1] 马靖云：《智慧司法的难题及其破解》，载《华东政法大学学报》2019年第4期，第114页。

第二章 人工智能背景下司法责任的变革

毕竟责任主体决定了谁来承担人工智能司法决策的后果，是司法责任制度研究的理论根基。在智能化司法的背景下，责任主体的界定变得尤为复杂。一方面，人工智能系统在司法决策中的应用使得责任归属问题变得模糊，因为机器的决策过程缺乏人类的道德和伦理判断。另一方面，司法人员在使用智能系统时也应承担相应的监督和审查责任，确保技术的辅助作用不违背司法公正和透明原则。因此，构建一个明确的责任分配机制至关重要，它需要在技术的辅助作用和司法人员的监督责任之间找到平衡点。

三、冲击现有的司法责任认定规则

我国传统司法决策是以"法官（合议庭）决策"为核心的：一方面，法官的自由裁量权本身就受到"法定证据采信原则"等诸多限制。另一方面，我国法官的"自由裁量权"的设定秉持小心谨慎的态度，司法裁量的自主空间已被尽可能地规范。[1] 人工智能进入司法领域，尤其是刑事司法领域，"智能技术的运用"使本就有限的法官自由裁量空间受到进一步压缩。不得不承认，不论是从主观上来看还是从客观上来看，人工智能介入司法领域，即便司法决策的主体是"人"，智能机器辅助决策的力度与影响力也不容小觑。那么，当司法决策出现偏差甚至招致非议之时，这种决策偏差（抑或是决策错误）肯定不能由法官全部承担。因此，在人工智能背景下，传统意义上的那种以法官为中心的司法责任认定模式需要予以优化与调整。毕竟：一方面，人工智能技术在司法决策领域的运用，在一定程度上以"技术理性"侵蚀了法官"自由裁量权"，从而直接

---

[1] 樊传明：《被敌视的法官：数字司法对审判权运行的影响》，载《法制与社会发展》2024年第3期，第152页。

影响司法责任的承担问题。另一方面,智能化司法决策,虽然可能导致机械裁判、算法偏见等问题,但至少为法官的自由裁量提供了"避风港",机械运用人工智能技术进行司法决策往往能够避免司法决策主体陷入祸端。长此以往,决策主体将对人工智能系统形成心理依赖。一旦出现如数据供给错误、算法偏差等造成的司法错误时,责任主体、责任内容的认定本身就是一个难题。

总体来说,人工智能技术对司法决策的影响无非具有下列情况:一是决策主体(法官)对某一案件进行自由心证后,其裁判结果与智能系统所推荐的量刑结果相一致,那么责任由谁承担?二是当决策主体(法官)对某一案件自由心证的结果与辅助裁判系统的输出结果不一致,然而基于司法决策主体(法官)对智能系统的"信任"情况下,对系统输出结果部分接受、部分否定时,出现司法决策错误时,应当如何进行责任划分?责任主体都有哪些?这一切又导向了一个前提:人工智能是否具有司法主体地位?如果有,一旦出现司法错误,人工智能应当怎样承担责任?对此,本书观点是智能化司法需要坚持以司法为主体的研究方向,人工智能系统作为一种工具,机器本身并不具有法律人格,由此产生的一系列责任问题追责的主体均应当落脚于"人"而非机器本身。这里作为智能化司法的责任承担主体的"人"是法官、系统部署者、技术人员、科技公司相关人员等,也是算法的部署、设计、开发、运行、检测及更新等全流程的相关人员。需要看到,人工智能对现行责任认定规则的冲击不可避免,进一步审视人工智能背景下司法责任的新变革、厘清司法责任的承担主体与智能化司法决策的运行过程有利于把好智能化司法发展的责任关口,防止司法领域的技术失控。

第三章
智能化司法决策中的责任问题

第一节 智能化司法决策的实践样态

在国外，COMPAS 等 AI 裁判模型已经在一些边缘性司法决策活动中开始崭露头角。我国各地法院也正在以极大的热忱拥抱司法人工智能，以智能裁判辅助系统对法官的司法裁判活动进行辅助。从上海的"206 系统"、北京的"睿法官系统"、江苏的"法务云"、河北的"智审"等实践应用来看，人工智能在司法决策领域已发挥了愈加重要的辅助决策作用，在推动司法判决的专业性和公正性方面极具优势。虽然实质意义上的智能司法决策尚未实现，但这种新型决策样态能在司法决策过程之中融入智能科技的技术理性与技术逻辑。从近期来看，由于人工智能技术发展水平、传统司法理念、司法伦理等多重影响与制约，完全的智能决策在短期内难以展开。从长远来看，人工智能进入司法决策领域已是大势所趋，人工智能正在以其独特的计算逻辑改变司法决策的构成，重塑司法决策的方式。可以说，以人类经验以及有限理性为基础的定性决策正在逐渐被大数据技术下的定量决策所取代，形成了不同于传统司法决策的新型决策模式。必须肯定的是"智能化司法决策"中的法官主体地位，虽然辅助决策这一核心职能虽并非完全意义上的算法决策，但其依旧能够将人工智能的工具性价值发挥到最大值，促进司法权的合理配置与运行,在厘定司法责任的过程中具有重要意义。

一、司法决策领域人工智能的具体应用

(一)数据检索与风险评估

在现阶段,"类神经系统网络、自然语言处理、大数据"等人工智能技术在司法领域进行叠加,通过司法信息累积与数据处理逐渐形成司法大数据,高效且科学地分析系统输入的数据信息,找出司法数据间的特定规律以导出预测分析结论。[1]人工智能的显著优势表现在大数据分析,其能大大提升效率并保持相当程度的准确性。人工智能技术在缓解我国司法实践"案多人少,诉讼爆炸"这一司法困境时具有明显优势,因此广受各司法实务中相关部门的关注。当下,人工智能技术在司法领域应用最广泛的是协助一线办案人员开展法律检索、办案标准检索、类案检索等相关数据检索。其中,法律检索系统应用最为普遍,这种系统重点以法律法规为政策储存内容,在信息存储的基础上进一步整理或编码。早在20世纪60年代,美国匹兹堡大学就已研发出了Aspen系统,这一系统能够精确测量某个字词在法律资料中出现的频率,有针对性地对法律资料进行筛选与分类,以便于用户通过"键入关键词"的形式,以检索包括该关键词的法律法规。[2]以此为基础,技术设计者设计了关联因素的检索系统。这类系统相较于传统的法律检索系统具有

---

[1] 比如,北京高级人民法院的"睿法官"智能研判系统为法官提供了办案规范和量刑分析;上海市高级人民法院研发的"刑事案件智能辅助系统"(又称"206系统")从单一证据校验、逮捕条件审查、全案证据审查判断、社会危害性评估、量刑辅助等案件审理的各方面,提供全方位的技术支持。

[2] William B. Kehl, *An Information Retrieval Language for Legal Studies*, Communications of the ACM, 1961, p. 380.

第三章 智能化司法决策中的责任问题

明显的灵活性,其不再以"字""词"这种机械的组合作为检索的分类标准,而是以"字""词"之间的相似或关联程度作为依据,以匹配法律法规或者司法裁判。此种人工智能技术大大提高了司法实践中相关搜索的匹配准确度,使人工智能的辅助作用发挥实效。

与之相比,在司法实践中人工智能技术经常被提及的是风险评估的应用。作为一种方程式,人工智能技术的风险评估主要应用于收集罪犯的历史性犯罪信息、生平信息、心理信息等相关信息。在此基础上,通过这种设定一定的标准,将这些信息进行量化从而计算出实际评分,用来显示行为人究竟处于何种风险等级。人工智能技术的风险评估,根据其使用主体的不同,可用作"假释决定""恢复性司法项目安置"及"量刑幅度"的参考因素。[1] 2016 年,美国法院将这个风险评估系统应用于被告人量刑,引发了著名的"States v. Loomis 案"。在该案中,原审法官将 COMPAS 量刑系统作为被告人量刑的参考依据。COMPAS 作为一种私营企业产品,其作用主要在于预测分析人们将来违法犯罪的可能性,提出"相对具体"监禁年限的建议。在 COMPAS 对被告人的测试中,共有 15 个版块共计 137 个问题,分别从"现行指控""犯罪记录""家庭背景""社会背景"等角度展开对行为人的风险评估。在评估结束之后,CPMPAS 将依据一定的算法和数据库,对行为人开展风险指数评定。当危险系数为 10 分时,COMPAS 系统认为其再犯可能性为高危。对原审法官适用 COMPAS 系统进行风险评估这一情况,被告人以"违反正当程序"为理由提起上诉。最后,美国的威斯康星

---

[1] Katherine Freeman, "Algorithmic Injustice: How the Wisconsin Supreme Court Failed to Protect Due Process Rights in States v. Loomis", *North Carolina Journal of Law & Technology*, 2016 (75).

州最高法院认定"COMPAS系统可用以量刑",进一步讲述了避免法院在量刑时过度依赖COMPAS系统的提示性标准。现阶段,美国许多州都设立了这种风险评估制度,如美国的纽约州、密苏里州、犹他州等。COMPAS仅仅是美国最受欢迎的司法AI工具之一。与美国刑事司法实践中的风险评估体系相比,我国司法人工智能主要是一种智能办案的综合体,监狱系统有类似COMPAS的风险评估系统以评判在押罪犯的改造情况,但其功能定位主要为辅助工具。而法院系统的风险评估,主要是程序性的、由上而下的审理监督管理系统,其主要目的是通过风险评估以实现:一是进行一键式的监管,严控超期案件以及超期羁押案件。二是进行裁判分离风险偏离预警,从类案类判的角度进行量刑尺度的统一,给法官提供作为一种裁判参考的工具。

(二) 预测性执法与矫治

从"9·11事件"之后,多数国家投入更多的财力和物力到反恐事业之中。在这一过程中,对犯罪的预防也引起了各国的充分重视。各国司法与执法部门陆续同科技公司进行合作,实现人工智能基础下的资料收集与数据共享,通过对犯罪有关数据的资源整合,实现犯罪预测分析,防止犯罪过程的产生。比如通过人工智能技术分析犯罪可能发生的主体与区域,对相应的主体进行针对性的部署。美国联邦层面将各个执法部门与情报部门的资源进行有效整合,通过数据分析以指导警力的部署。[1]在这一过程之中,人工智能有充分的技术优点,可以将心理学、社会学和有关行为模式紧密结合,分析、组织、归类适宜的主体的整合信息,以实现预测分析,鉴别情报之可能性程度,这种方式能够提高犯罪预测的准确性,提升司法和执法的效率。

---

[1] John W. Wulff, *Artificial Intelligence and Law Enforcement: A 21st Century Crime Fighting Technique*, Doctoral Dissertation, Utica College, 2013, p.4.

比如，立足于人工智能的自动识别技术，美国三十多个州以立法形式允许执法部门搭建自己的检索系统，通过这种方式，便于执法人员随时搜索或者查验本州公民的驾驶证与身份证图片。同时，美国联邦调查局还能够通过该系统，直接获得18个州公民的照片信息。通过这种人工自动识别技术，警察能够从现有数据库中获取行为人和犯罪记录者的面容信息，并放进目标数据库中展开配对。通过这种预测性的执法方式，人工智能技术在实践中常常具有司法预警的作用，能够预测分析行为人的行为趋向，分析目标行为人的下一步行为方向。因此，侦查机关才能够通过一种动态式摄影的追踪系统，在复杂场合尽快锁定犯罪嫌疑人。

当下这种预测性的执法系统已主要用于球类运动、会议和其他有关活动的安全防御、控制与监督管理。在我国，公安机关一般将人脸识别和深层优化算法系统应用于现阶段的社会治安管理犯罪侦查。在新冠肺炎疫情的影响下，人工智能技术也彰显了不可缺少的功效。与之对应，人民法院系统内部一般适用量刑分析系统、智能仿真模拟判决系统等可预测性司法系统。一方面，通过量刑分析系统，法官把预设判决结果与智能系统的类案判决结果进行分析与比较，计算出裁判的偏离尺度，为法官作出具体判决提供借鉴和参考。另一方面，通过智能模拟判决系统，将涉案的具体情节进行归类与标注，实现案由与模型的智能匹配。人工智能系统形成的模拟案件判决结果，使当事人对案件的未来走向和判决结果有一定的预期。在刑事司法领域，如量刑智能模拟判决系统，对量刑建议的判决与预测具有重要作用。此外，人民法院现有的大数据和智能分析系统会自动提炼既有案件的潜在性价值，为以后的司法判决提供价值参照。

(三) 数字证据提取与判定

证据开示是刑事诉讼中当事人双方互换证据的司法程序。与纸质版的证据交换程序相区别，在人工智能背景下，司法信息逐渐以"电子化"方式进行数据存储。在刑事诉讼过程中，控辩双方怎样对这些资料与形式予以证据开示？人民法院如何认定和判断这类证据是刑事诉讼中的重要问题。尤其是在涉及公司和企业的金融犯罪案中，警察在核对和扣留涉案资料时，通常会获得总数巨大的数据信息和材料。因此，侦查机关在对涉案资料进行收集之后，往往会面临这样的问题，即如何用有限的时间、最小司法成本获取与案件相关的证据材料，以便为未来的侦查提供证据线索和参照方向，或是通过大量的数据分析为核查犯罪嫌疑人的羁押必要性提供参考依据。在刑事诉讼过程中，当侦查人员在"电脑芯片"或者"硬盘中"搜查到大量电子邮件信息、通信记录、视觉证据之时，侦查办案人员一般需要在很短的时间内从庞大的信息来源中有针对性地寻找与破案相关的信息与数据。尤其是在案件侦查方向尚不清晰的情形下，充分利用人工智能技术有利于找寻隐性的直接证据和证人，是一种很好的协助破案方式。

在我国，人工智能技术应用于司法实践，正在逐渐改变司法赖以运行的外在环境，通过人工智能技术将智能语音、电子卷宗、案件管理等内容进行分类整理和分析，这在司法实践中发挥愈加重要的作用。比如，电子案卷随案生成系统能将纸质材料同步转换成可复制或可读取式的电子资源。再如，庭审语音智能转写系统可以对语音信息采集的方式进行电子质证，这革新了传统的举证、质证方式。又比如，目前法院系统已经借助于自然语言处理系统提取双方的被告人的陈述，将庭审过程之中的语音陈述自动转化为文字功能。

二、智能化司法决策的负面清单

司法领域人工智能技术之适用将产生何种伦理风险，已经被众多学者所关注。比如，有人曾指出，人工智能技术将冲击公正的价值，影响当事人的诉讼权利，且人工智能技术适用于裁判领域，将与法官独立审判原则发生冲突。[1]当然，其指出的人工智能应用于司法实践时所产生的伦理风险，主要是从宏观的方面进行的一种概括式分析，但在司法实践中仍需要进一步落到实处，对具体问题进行具体分析。

（一）司法歧视问题

人工智能技术在司法领域应用中最大的考验是技术潜在的歧视风险。如本书上述的风险评估算法 COMPAS 在提升诉讼效率的同时，也会带来定罪量刑程序侵害当事人通过正当程序实现权利保护的风险。亦即在司法实务中，为了凸显人工智能技术的先进性，技术人员往往会将"大量的个性化的信息"以一种"简化且可量化的分数"进行归纳总结，这类算法一般是由风险量化和需求量化两个方面构成的，[2]从而实现对再犯可能性的预测。[3]比如，按照北点公司的解释，其将十分位的位数与相应的规范组进行对应，根据行为人行为量化分数的高低对行为人的再犯风险与对应的规范组进行对照，再犯风险越低，

---

[1] 郑曦：《人工智能技术在司法裁判中的运用及规制》，载《中外法学》2020年第3期，第674页。

[2] "COMPAS Risk & Need Assessment System：Selected Questions Posed by Inquiring Agencies，NORTHPOINTE（2012）"，available at http://www.northpointeinc.com/files/downloads/FAQ_Document.pdf.at4，2021-5-15.

[3] "Risk Assessment，NORTHPOINTE（2011）"，available at https://www.documentcloud.org/documents/2702103 - Sample - Risk - AssessmentCOMPAS - CORE.html，2022-5-2.

得分越低。[1]通过算法将这部分分值应用于监狱、假释机构或者缓刑机构，将之与犯罪嫌疑人进行的评估提供相应的风险参照。目前，实践中主要存在八分标准化分组，来支撑这种COMPAS分数的评估。[2]当然，当特定机构需要使用COMPAS技术的时候，北点公司也会通过修改规范参数的形式，以融入这一特定机构（或者是这一机构使用该技术时所针对的特定人群）的特殊性，以便使该技术的实务适用能够更有效地反映特定群体的实际情况。

然而，ProPublica对COMPAS的评估效果[3]曾进行过深入调查，通过对2013年与2014年被捕后接受风险评估的7000多位行为人的数据进行系统分析，检查这些人在之后的2年时间内是否被重新起诉，结果显示：COMPAS进行危险性评估的具体分值与实践情况存在较大出入，比如通过对7000多位行为人的数据分析，暴力再犯的比例在实践中只有20%，但是系统数据却认定61%的行为人具有再犯风险，二者差异值较大，因此这种风险评估算法普遍缺乏准确性。与此同时，ProPublica进一步提出，算法在分配白人被告人与黑人被告人时存在严重的不

---

[1] 比如，根据北点公司（COMPAS的设计公司）的解释：1分意味着行为人的量化分数处在规范组最低的10%以内，而2分则意味着行为人处于规范组高于10%而低于20%的水平，以此类推。同时，根据《COMPAS从业指南》的解释，通常1分~4分为低危险系数，5分~7分为中危险系数，而8分~10分为高危险系数。

[2] 目前，主要存在八个标准分组：①男性监狱/假释，②男性拘留所，③男性缓刑，④男性复合措施，⑤女性关押/假释，⑥女性拘留所，⑦女性缓刑以及⑧女性复合措施。See NORTH POINTEINC., PRACTITIONER's GUIDE TO COMPASC ORE1 (NorthpointeInc., 2015), p.11.

[3] ProPublica是一家关注公共事务的非营利性调查媒体。他们是一家十分严格的无党派机构，标榜着"不游说"以及"不会与任何政客或者宣传团体结盟"。他们围绕着诸如过量吸毒、负债、检察官不当行为以及其他关涉公共利益的问题，创设了许多调查项目，并将研究和文章汇编在一起，在官网上公布。有关介绍可参见 https://www.propublica.org/about，2022年4月26日访问。

对等情况（歧视情况）。就暴力再犯系数而言，黑人被告人获得高危险分数的概率较同期白人被告人高出了 77.3%。又比如，ProPublica 通过对 COMPAS 错误标记风险进行分析（也即 COMPAS 标记为高风险但 2 年内并未再犯这一人员数据）时发现，黑人被告人被错误标记的比例为 44.9%，白人被告人被错误标记的比例仅为 23.5%，白人被告人更加倾向于被 COMPAS 评价为低风险。同时，47.4% 的被 COMPAS 标记为低风险的白人被告人继续进行犯罪，而同样风险系数下的黑人被告人再犯的比例仅仅为 28%，这在实际层面进一步证实 COMPAS 算法存在歧视性风险，如偏见性地将黑人被告列为高风险人群，把白人被告列为低风险人群。[1]

需要特别指出的一点是，当这种带有歧视的信息或者程序设计嵌入司法人工智能技术的实践运行时，由于技术运行过程中司法信息（数据）的不断叠加堆积——错误的带有歧视性色彩的司法数据进一步运行于司法人工智能系统，将产生"反馈循环"，这种反馈循环将通过高效率的司法人工智能系统无限放大，使司法歧视进一步加大。此外，这种歧视现象不仅仅出现在审判环节，在预测性执法环节也会存在司法歧视问题，如警力资源可能由于算法的错误评估而被调入少数族裔所在社区，从而忽视了白人社区本身也会发生的诸如毒品或暴力问题，对警力部署产生了错误引导，造成警力资源的不当浪费。[2]

(二) 算法黑箱问题

就人工智能技术的角度来看，算法本身就是一个黑箱，毕

---

[1] Jeff Larson et al., "How We Analyzed the COMPAS Recidivism Algorithm, PROPUBLICA (May 23, 2016)", available at https://www.propublica.org/article/how-weanalyzed-the-compas-recidivism-algorithm., 2022-5-2.

[2] Andrew D. Selbst, "Disparate Impact in Big Data Policing", Ga. L. Rev, (2017) 52.

竟科技创新本身就是一种商业秘密，属于知识产权保护的内容。当这种黑箱被应用于司法实务时，由技术本身带来的优势将为人所诟病。因为司法要求公开透明，以维护司法的公正，但由于人工智能受保密性保障，人工智能技术应用于类案检索或者犯罪预防、证据评判与量刑过程中，透过算法逻辑解释司法决策的做法本身就尤为困难，加之法官与算法决策之间形成的"决策黑箱"，[1]人类对其无法实现有效的监督。因此，司法人工智能进行算法裁判的公正性与透明度饱受争议。以刑事量刑为例，从能力角度看，被告人并非技术型人才，更没有足够能力了解算法的规律，即便通过申请专家进行技术鉴定的方式弥补自身的技术劣势。科技公司也很有可能基于对商业秘密的考虑而拒绝源代码。因此，被告人不论是从能力方面，还是从现实层面，均无法对算法系统予以有效监督。

因此，在司法实践领域，出于对公权力的监督和对公共利益的考虑，技术创新的商业利益也必须让步于司法公开公正。在特殊情况下，必须明确揭露人工智能技术算法，否则当事人便无法对算法进行有效的监督。首先，监管的前提条件是依据技术操作的编码，有效地弄清"司法信息"与智能司法系统"输出结果"之间的联系，从而判断人工智能技术输出的司法结果是否合理。但对于司法人工智能系统而言，算法运作这一过程中的"数据"与"结果"并不具有严密的逻辑联系。比如，在司法信息向司法数据转化的过程中，什么样的司法信息具有代表性？什么样的司法信息具备有效性？如何将传统办案流程中的纸质文件经复制转化为可由司法人工智能系统加以算法运转的"司法数据"至关重要，会直接影响司法人工智能系统的

---

[1] 葛金芬：《司法人工智能应用中法官的渎职风险及其刑事责任》，载《湖南社会科学》2023年第3期，第96页。

输出结果。因此，有学者强调："算法黑箱中的人如同奴仆一样被算法操纵着。"[1]

算法的复杂性与不透明度可能直接导致人类社会活动或司法裁判所涉及的一连串自动化决策过程中存在秘密决策与司法歧视现象。这不可避免地造成了司法的不公开与司法监管的漏洞。在我国，建立健全、阳光、透明的司法权力运行机制是树立法治权威、增强司法公信力的重要举措。[2]智能化司法算法的固有秘密特性导致了司法过程的不透明。基于机器学习、模型构建，审判人员的自由裁量权乃至偏见会融入智能化司法实践，这些算法的抽象性和复杂性给审判过程的透明性带来了诸多挑战，这在一定程度上违背了司法公开透明的基本价值追求。因此，只有通过司法公开才能够有效监管司法权的运行，充分保证当事人的诉讼权利与公众的知情权、监督权。但"算法黑箱"意味着监督算法难以落到实处，如当相关人的诉讼权利遭受侵害时，无法实现有效监督与救济。毕竟，在人工智能技术大幅度地迈进司法领域尤其是刑事司法领域之时，被告人的人身自由、财产等权利皆由司法裁判所决定，一旦司法人工智能系统能够直接决定证据认定与定罪量刑过程，若当事人不认同智能系统的输出结果，其所享有的上诉等程序性救济权利便会因"算法黑箱"而难以保障，这无疑会使刑事诉讼过程流于形式，也与刑事司法的司法公开理念与权利保障理念相背离。

（三）机械裁判问题

在司法决策领域，人工智能技术应用的又一大问题是机械裁判问题。机器的判断结果往往是机械且僵硬的，无法应对实

---

[1] A. Rubel, *The Black Box Society: The Secret Algorithms that Control Money and Information*, Cambridge: Harvard University Press, 2016, p.190.

[2] 彭波：《司法公开彰显制度力量》，载《人民日报》2019年8月15日。

践中灵活的裁判需求。这也是学者主张司法的主体地位不会被人工智能技术取代的一大重要原因。

首先,法律并非简单的文本从输入到输出的过程,也不是一种绝对意义上的形式理性,司法实践中的工作人员在进行案件判定的过程之中,常常需要考虑逻辑、事实、常识、个案、价值平衡等相关问题,也需要结合国家的政策、社会效果等相应要素来进行案件裁判。因此,这种判定过程一般较为复杂,且掺杂了很多个性化的情感理性内容。这一过程能否被人工智能技术所模仿或借鉴?答案显然是不能的。总体来说,人工智能技术目前虽然取得了一些技术性突破,但是其发展水平远远没有达到强人工智能阶段的要求,机器算法的水平还处于初期阶段。现阶段,在常识的处理、意图观点等自然语言的交流和理解方面,人工智能存在较大的技术困境。浅显的例子如,当我们在与人工智能机器人进行语音沟通时,人工智能仅可以进行简单式的信息检索与语音交流,但凡涉及稍显复杂的问题,人工智能的回答往往会让人忍俊不禁。归根结底,这一问题产生的主要原因便是现阶段人工智能赖以进行机器学习的技术尚不足,目前无法有效覆盖人类全部的语言与生活信息。同时,人工智能技术对语言的理解,往往是通过先前设定的模式对所有证据与当事人提出的诉讼请求进行程式化分析,这一程式化分析过程难以实现全面且系统的理解与消化,在情感理性方面的理解与运用明显逊色于人类法官。

其次,司法人工智能系统的输出结果常常表现出较为"机械化"或"公式化"的特点,但传统司法实践追求的公平正义并非绝对意义上的法律正义。因此,在司法实践中往往赋予法官自由裁量权,允许根据案件特殊情形作出合乎案件特定正义性的裁判结果。这种自由裁量在对个案的司法正义评判中发挥着重要作用。但是，人工智能技术输出结果的机械化与公式化特征正是对这种自由裁量的一种削弱与减损。从某种意义上来说，在司法领域引进人工智能的理由之一，就是通过人工智能技术的技术理性来约束法官的自由裁量权。即便将来技术不断发展，人工智能技术能够具有一定思维能力，其思维逻辑水平具备人类法官的"能力相当性"，但由于人类自身的情感、成长历程与自由、尊严等因素难以量化，这些难以量化因素可否用来设定为某种算法程式，交付给人工智能系统在输出司法决策结果时予以参照，仍有待进一步探讨。

最后，人工智能系统赖以进行机器学习的数据往往是一种历史性的司法数据。但是，司法人工智能系统往往具体应用于对新型案件的处理。然而，人工智能技术对新型案件的处理能力较为欠缺。主要原因有：一是司法信息的存储相对有限，人工智能技术进行机器学习的司法数据往往是一些经过信息筛选、信息处理的司法数据，这些司法信息的范围相对有限。二是在此基础上，这些司法信息还存在一个致命缺陷，即赖以进行算法设计的信息往往是一些历史性的经验数据，但人工智能系统设计与测试一般是从既有案件裁量结果中进行训练、学习与优化。这就导致人工智能技术对于发生的新行为、新证据与新事实，没有能力作出准确的判断，甚至作出错误判断。[1] 三是从司法人工智能系统的运行过程来看，当某一客观事实或参数发生变化时，司法人工智能系统最多将其视为一种运作障碍。比如，在特定时间阶段内，司法政策侧重于从宏观案例中查清案件事实与找寻真相，但在另一特定时期内司法政策又着眼于"从快从简"追求诉讼效率和降低司法成本。这种司法实践中的

---

〔1〕 David Lehr and Paul Ohm, "Playing with the Data: What Legal Scholars Should Learn About Machine Learning", UCDL Rev. (2017) 51.

政策性变动对于人工智能系统固有的程序设计与参数而言,难以被有效量化与分析。除非从司法人工智能技术的设计源头出发,重新搜集司法信息,纳入司法人工智能系统的机器学习内容,改动司法人工智能系统的算法设计内容。当然,一旦走到这一步——从技术层面重新对司法人工智能系统进行优化与调整,那无论是从技术层面还是从司法成本层面来看,其难度系数均不逊于新司法人工智能系统的制定与构建。

第二节 智能化司法决策的技术隐忧及理论回应

一、智能化司法决策的技术依赖及内容

人工智能技术进入司法决策领域,可能使司法主体与司法平台产生"技术依赖",而这种"技术依赖"一旦超出必要的限度,便会冲击司法权的专属原则,也会对智能化司法的责任分配产生重要影响。法官在司法裁判的过程中容易依赖于技术而逐渐减少其作为裁判主体的主观能动性。以类案类判为例,这种方式与其说是为了促进裁判尺度的统一,不如说是人类将一部分案件的裁量权通过法律自动化的形式委托给司法人工智能系统。因此,智能化司法决策模式这种"人与技术混合决策模式"的实质就是让渡一部分司法裁量空间给人工智能系统。但如第一章所述,"智能化司法"是无限接近于智能的过程,其遵循的毕竟是"司法本位"的模式,故而在这种技术与人类混合决策的模式下,"技术"所占的比例,或者可以说技术的边界在哪儿难以判定,是智能化司法决策饱受诟病的最重要原因。

(一)司法裁判对技术的依赖

司法裁判对技术的依赖体现于法官在裁判实践中对智能系

统输出结果的"自觉"或"不自觉"依赖,极易导致司法权力主体的地位面临被人工智能颠倒化的风险。[1]算法决策具有"不偏不倚""统一""高效快捷"等优点,这在解决我国当前法官水平不一、司法判决差异方面具有突出优势。然而,人工智能技术赋能于司法裁判这一过程,智能化司法以"追究类案类判"与"统一量刑尺度"为目标,使司法裁判结果变得可预期与普遍化,但"裁判结果偏离预警系统"等相关智能系统的应用与普及使得法官推翻机器的决策更加困难。在这种情况下:一方面,人类法官在与智能系统进行交互的时候,往往会受到智能系统的潜在"暗示""建议"甚至"限制",这会导致法官自主裁量的压缩,减少了法官自由裁量的主动性与积极性,毕竟司法决策的模型与种类已经被人工智能技术所预先设计。另一方面,"类案类判""统一裁判尺度"这种制度目标设计导致法官在质疑或者是推翻人工智能量刑系统的决策建议时需要说明不适用的理由、面临被审查或批评。即便是这种说明理由或审查程序获得极大的简化,也会因为与智能化裁判本身追求司法效率的制度目的相背离,从而被法官所规避。

(二) 系统建设对技术的依赖

现阶段的智能化建设主要由技术所主导,但是这种由技术所主导的模式可能导致司法机关对技术的严重依赖。虽然智能化建设中系统部署的主体是司法机关,但因为专业壁垒问题,司法机关往往不具备直接开发与设计"与司法流程相匹配、与裁判实际相结合"的智能辅助系统的技术能力,因此需要从科技公司购买技术,或是将系统开发的技术部分外包,由技术部门进行长期的系统维护与升级优化工作。比如,华宇公司参加了

---

[1] 曹重阳、叶晓川:《智慧司法生态设计下司法责任伦理的检视与重塑》,载《太原理工大学学报(社会科学版)》2023年第4期,第85页。

甘肃省的数字法院项目,阿里巴巴、擎天科技等公司为建设江苏省"智慧法务"平台提供了技术支持。[1]这种科技公司与司法机关合作开发的模式,已成为当前司法领域智能化建设的新常态。有学者经过调研后指出,司法建设的一大窘境是法律人并不参与智能化司法创新的需求提炼、方案制定、科学研究和产品研发,甚至不参与智能化司法创新的试点工作,而是寄希望于购买科技产品。但科技公司并不了解基本的法律知识,也不了解与学习司法体制改革的方向与导向。[2]"以信息化促进审判现代化,不是技术服务和支撑司法,而是技术引领驱动司法变革。"[3]某些地方的各级人民法院急于开发技术系统,呈现出了"竞赛式"的态势。[4]这也导致在智能化司法建设过程中,一些司法部门过于重视"司法中的技术适用"而忽视了技术的合理适用。一方面,司法机关不具有独立开发智能系统的技术能力,盲目追求技术的适用而忽视了技术对司法的塑造,这加强了司法机关对于技术的依赖。另一方面,高新科技公司为了保持在一些领域的垄断地位,往往以"涉及商业秘密"为理由拒绝开源系统或直接公布技术,这将进一步加深司法机关对科技公司的技术依赖。

二、技术依赖对司法的冲击及挑战

(一)对权力专属原则的冲击

权力专属原则,具体是指为确保司法权运行,防止外界权

---

[1]《江苏省司法行政开启"智慧法务"新格局》,载电子政务网:http://e-gov.org.cn/article-161190.html,2022年9月23日访问。

[2] 刘品新:《智慧司法的中国创新》,载《国家检察官学院学报》2021年第3期,第97~98页。

[3] 刘品新:《法律与科技的融合及其限度》,载《中国检察官》2018年第15期,第78~95页。

[4] 孙笑侠:《论司法信息化的人文"止境"》,载《法学评论》2021年第1期,第26页。

力干预司法，确保案件审理的公平和公正，司法权力必须专属于相应的司法机关。这在我国的相关法律规定里均有体现。如《刑事诉讼法》第3条规定"审判由人民法院负责"，《民事诉讼法》第6条第1款规定"民事案件的审判权由人民法院行使"。司法权专属于司法机关，有利于防止权力扩张，避免司法权的滥用。

在技术介入司法实践的整体态势下，司法决策与平台建设中的技术依赖，不可避免地冲击了司法权的专属原则，虽然这种情况不是司法机关主观上所希望的。当司法机关将决策的细节交给技术公司时，技术公司需要对司法数据进行筛选、清洗和去噪，进行数据标记和分类，将数据转变为代码，通过设定一定的算法，实现司法数据的结果输出。但是，正如前述所说，司法部门不懂技术，技术人员由于对法律理解的准确性缺失也可能产生认知偏差。有学者曾指出："这些算法系统所解释对象的是计算机科学家、公司和其他技术先进的行为人，而非律师或公众，这导致了缺乏公众参与的正当程序侵蚀决策的正当性。"[1]此外，在智慧司法推进得如火如荼的现在，由于司法决策与平台建设中的技术依赖难以避免，也使得技术侵蚀司法裁判权成为可能。因此，将自由裁量以及解释法律的部分权力让渡给科技公司（智能系统）是智能化司法建设中不可避免的代价。

（二）智能化决策的监管难题

将法官的部分自由裁量权与法律解释权交给科技公司后，为确保技术被合理适用于司法实践，这部分被让渡的自由裁量与解释法律的权力由谁进行监管、怎样监管？智能化司法决策

---

[1] Richard M. Re and Alicia Solow-Niederman, "Developing Artificially Intelligent Justice", *Stanford Technology Law Review*, 2019（2），p.276.

的系统输出结果直接关系案件"事实认定"与"法律适用",但输出结果的"算法运行过程"是个黑箱,缺乏统一且有公信力的统一技术标准。因此,对智能化决策的技术监管也是困扰司法机关的一大难题。

在现阶段,我国智能化建设的标准规范重点在于从数据层面实现各个技术系统的贯通,实现数据共享。比如,立足于检察系统现有的三批电子检务工程标准规范意见,最高人民检察院加快了检察机关数据标准化体系规范建设,将智能化系统发展的数据代码、数据结构与质量、交换标准等内容予以规范化,设定统一规范性标准。然而,以司法数据为基础建立起来的各地区性的智能化决策系统仍然缺乏检测、审计等监督体制的规范化构建,这导致智能化司法对算法决策的监管不足,一旦智能决策系统出现结果错误,损失将无可避免且追责困难。

(三)智能化决策的追责难题

智能化决策的追责难题在于,如果智能决策系统作出错误决策,那么应如何划分这种人与机器混合决策下的司法决策结果的责任?这一直是人工智能进入司法决策领域所面临的法律难题。从技术嵌入司法活动的具体过程来看,责任分配的难题大致有三:第一,责任主体的多元化问题导致追责困难。司法人工智能的实际运用一般包括:系统部署、设计、开发、测试、运用、维护等各个阶段,其部署、开发、运行活动是在较为复杂的环境中进行的。智能化司法决策出现错误的原因是方方面面的,如司法数据的质量不佳、据以量刑的算法系统设计不足(产生算法偏差或歧视),也可能是智能系统的设计不足以反映司法实践的实际情况。智能化司法决策结果的作出是技术公司、司法机关、法官等多个主体综合作用的结果,也是系统部署、设计、开发、测试等多个环节相辅相成的结果。由于其责任链条牵涉方方面面，一旦产生决策错误，"认定与分配责任"就是一个较大的难题。第二，人与机器的责任如何划分。需要明确的是，人与机器的混合式司法决策是未来司法发展的新常态。如何在人机混合的模式下对责任进行划分呢？尤其是当这一司法决策的作出本身已经遵循了"人在环中"的规定时，会加剧这种责任分配的窘境。[1] 一方面，若是由法官完全承担智能化司法决策错误的责任，会导致法官对智能系统不信任，或者直接摒弃在司法裁决时技术的支持作用。另一方面，如果由技术人员（如人工智能系统的设计者、开发者）完全承担司法决策错误的责任，将可能导致"法官卸责于技术"，法院系统对人工智能技术的滥用会逐渐消解法官的裁判主体地位。第三，多个司法人工智能系统之间的交互作用可能产生潜在的风险问题。目前，人工智能在司法领域的作用，大多通过"多技术叠加"展现司法人工智能的"智能辅助"效用。当下，在司法审判的不同环节运用不同的技术系统已经成为智能化司法的新常态。某一个环节的数据出现错误可能会导致处于下游环节的多个技术系统发生连锁反应，而这种连锁反应在多个技术系统叠加的情况下将更为明显，不仅多个系统交互产生错误难以被及时发现与更正，对错误的追责也是一个难题。

三、司法层面对技术依赖的理论回应

近几年，作为人工智能在司法领域应用的重要问题，智能

---

[1] 我国《个人信息保护法》第 24 条第 3 款规定："通过自动化决策方式作出对个人权益有重大影响的决定，个人有权要求个人信息处理者予以说明，并有权拒绝个人信息处理者仅通过自动化决策的方式作出决定。"对个人权益有重大影响的决定，个人有权拒绝以"仅通过自动化决策"的方式作出，个人信息处理者需要在决策过程中保证有人类的实质参与。

化司法决策受到了诸多学者的关注。然而,相关探讨主要集中于智能化司法决策是否可能这一基础问题层面。司法领域的关注点聚焦于智能化司法裁判的不可行性研究。多数学者认为,人工智能在司法领域尤其是刑事司法领域的作用十分有限。[1] 伴随着人工智能技术的不断发展,智能化司法决策势不可挡。我们不能站在如今的智能技术发展水准上来点评未来司法智能化的不可行性。正如吕世伦、文正邦教授指出的那样:"正当性是指人的行为方式、利益、愿望等符合社会发展的客观需要和人民的利益,具有'合理性'与'合法性'两种方式。"[2] 在探讨智能化司法决策的正当性时,必须考虑其与社会发展的客观需要和人民利益的契合度。智能化司法决策的正当性不仅体现在其技术的合理性上,更体现在其法律的合法性上。技术的合理性意味着智能化司法决策能够提高司法效率、减少人为错误、增强判决的可预测性。而法律的合法性则要求智能化司法决策必须符合现行法律框架,确保司法公正和法律的正确实施。

　　智能化司法决策问题本质上是一种功能实现问题,其遵循的是一种有限理性下的实践哲学,本质上是司法活动中人与技术的关系问题。在智能化司法的建设中,"技术"究竟是否对司法权形成了实质的侵袭与冲击?技术在智能化决策中占据什么样的地位?智能化决策的权力逻辑是怎样的?本章将通过对智能化司法决策的现实发展、正当性、权力逻辑等进行相关探讨,对智能化司法决策的质疑进行逐一回应。在此框架下得出结论:智能化司法决策具有其现实存在的合法性与合理性依据,是一

---

[1] 季卫东:《人工智能时代的司法权之变》,载《东方法学》2018年第1期,第125~127页。

[2] 吕世伦、文正邦主编:《法哲学论》,中国人民大学出版社1999年版,第295页。

种算法决策与司法决策的混合模式。智能化司法决策应当以司法逻辑为主导，以增强人类能力为指引，智能化司法决策能利用算法的优势弥补人类法官的不足，其运行不会改变法官的主体地位。因此，人工智能的司法决策的运行机制问题主要探讨的是，如何在制度上安置人工智能的司法决策。对于智能化决策的相关后果，其责任追究制度应当鼓励人类积极参与。毕竟，法律责任的设置并不是要阻碍人类参与算法决策相关过程，而是通过责任这把钥匙，实现算法决策全流程中各个参与主体对具体程序的实际控制，将算法的偏差与歧视控制在一定的幅度之内，实现技术增强法官能力，而非法官完全依赖于技术。

(一) 智能化司法决策主体具有合法性

在制度文明的建设过程中，司法文明是其中最重要成果之一，通过中立的司法部门解决社会纠纷也是司法实践的应有之义。

司法裁判作为司法领域最重要的活动，对于定分止争、解决社会纠纷而言具有重大价值。作为人对人的审判，司法裁判本质上不可避免地带有法官的主观性，由此可能产生"司法不公"或"司法腐败"问题。虽然近年来我国推进司法责任制改革，对司法追责问题以及相应的司法责任问题进行规制，但从整体上来说，在这种"人对人"的审判中，只要法官还有自由裁量权，只要案件的判决结果基于"自由心证"产生，那么司法裁判的结果就必然存在主观性。

而智能技术的发展似乎为人类提供了一个契机，作为一种量刑的辅助工具，司法人工智能系统在"证据判断""证据校验""风险评估"等领域正在发挥日益重要的作用，这在一定程度上对司法裁判的主观性形成了克制，以"技术理性"对"司法任意性"进行约束。从整体来说，智能机器人作为司法决策的主体是否会导致司法裁决的本质产生颠覆性变革主要体现于以下几点：

第一，从司法裁判的性质来看，司法之所以具有权威性不仅仅在于司法裁决本身就有一整套体制机制与相对应的裁判原则，同时司法中立也是其作为纠纷解决方式得到尊重的重要方面。从居中裁判的角度来说，不论是人还是机器人，不论是以法官的自由心证还是以机器运用算法来进行自动化决策，二者在本质上都是以某种规则的适用来应用到司法裁判场域。在智能技术辅助的前期阶段，其对于法官、对于当事人来说是一样的。不论是在语音转化还是在法律检索方面，只要系统的信息公开，其对于所有的参与人都具有相同的作用。在这一点上，笔者认为智能技术具有中立性。在智能技术辅助的后期阶段，当人工智能对于司法决策能够起决定作用的时候，不论是在简单的司法文书撰写领域，还是在未来智能技术发展到较为发达的阶段，只要规则运用得当，智能技术的发展：一是能够均衡应用于所有的诉讼程序参与者，二是能够有效地弥补当事人与办案人员的信息壁垒问题。整体来说，不论是在法律检索方面，还是在事实认定、法律适用方面，人工智能对司法领域所起的作用是能够且有一定的机会适用于所有诉讼程序的。

第二，就审判本质而言，智能化司法决策即便在决策中叠加了技术影响，但进行司法裁判的主体也仍是人而不是机器。当前，社会层面反对智能化裁判的重要理由之一是智能化司法决策容易导致"机械裁判"问题，这可能导致人类对司法审判控制权的异化与失衡。人工智能系统具有智能化的特征，但智能系统无论如何接近"智能"，其本质都是人类大脑创造的产物。人工智能系统的存在目的与使用目标均是服务于人的，这也是社会生产力变革、科技水平发展的大势所趋。无论人工智能发展到什么阶段,人类相较于计算机均更有创造力。但计算机具有系统性,不容易在简单的重复性任务中出错,这是其优势所在。

第三,从智能技术发展的不同阶段来看,在人工智能奇点没有到来时,智能化司法决策的准入及法律后果的认定权均在人的手中,智能裁判的结果必须经过人类法官的认可才能够生效。因此,在这一阶段,人工智能仅仅是作为一种工具介入到司法审判场域中。退一步讲,如果未来智能技术的发展水平突破了奇点,那么人与机器之间的关系也将会变为一种社会问题。毕竟,如果任由智能技术发展而不加以控制,人工智能技术将渗透于人类社会各个方面,人与机器的大战即将到来,那么机器来审判人类,就仅仅是智能技术发展所导致的社会现象的一种缩影罢了。因此,这种假设太过于悲观,在奇点到来之前,智能化社会与智能化司法发展的趋势必然是以法律和司法为本体,通过相关的法律设定来对智能技术介入司法的流程或者是进程进行算法规制,通过相关的法律来规制智能化司法决策的合法性与合理性,同时设置一系列司法责任承担框架,对智能化司法决策的后果进行法律规制,将智能技术对司法领域的介入控制在合法性与合理性的大框架内。

总之,从主体角度来审视,司法决策人工智能化的本质是将部分司法裁量的辅助性权力让渡给技术,使司法人工智能在某种程度上具有部分裁判功能。这是否意味着人工智能能够成为司法决策的主体?举例而言,人工智能可以承担部分法律咨询工作,又如人工智能可以通过法律检索为诉讼主体提供诉讼风险报告,在法院系统中,司法人工智能系统可以根据案件的具体情况匹配类案,自动生成裁判文书,为法官裁判提供决策参考。司法实践中的案件一般可以被分为两类:一类是案情简单、重复性强、证据扎实的案件;另一类是重大疑难复杂、具有一定社会影响性的案件。后者由法官来进行定罪量刑毫无疑问,那么对于这类案情简单、重复性强的案件,是否可以基于诉讼效率的考虑在一定程度上由机器裁判?从技术的角度来讲,由于司法大数据的加持,人工智能在处理这类案情简单、重复性强且证据扎实的案件时,其本质上智能裁判的成分并不多,主要是通过智能技术将法官从这些繁重的、重复性较强的案件中解放出来。但就认识而言,这是人工智能向司法领域迈进的一大步。毕竟,在司法决策方面人工智能的技术优势、准确性与精确性肉眼可见。如今,科学界了解并接受了这样一个事实:人工智能具有超越人类的智力能力,且有发挥人类需要数年才能理解与控制的潜力。[1]但这并不等于人工智能必然成为司法决策的主体,冲击人类法官的核心地位。因此,在人工智能向司法领域渗透的过程中,智能技术作为辅助性工具的地位存在,即便未来智能化的程度不断增强,人工智能执行的也是人类法官通过一定的算法与程序赋予智能系统的特定任务。司法实践的自动化与决策智能化都是在人类法官这一前提下进行的,司法判决的生成主体与操控主体都是人类,并非智能机器人。

(二) 智能化司法决策的权力来源合法

在对主体性质疑之外,当前公众对于智能裁判的另一批评为:在智能化司法决策的过程中,人工智能并不具有权力来源上的正当性。以下笔者将对这种说法进行详细论证。整体来说,关于智能化司法决策的权力来源,有学者从"人工智能司法决策并未获得公共授权"与"人工智能会导致技术权力侵蚀司法

---

〔1〕 John O. Mc Ginnis, "Steven Wasick, Law's Algorithm", *Florida Law Review*, 2014 (3).

权力"两个角度来对智能化司法决策提出了批评。[1]现代意义的法治国家是以"人民主权"为基础的,一切权力来源于人民,人民的授权是司法权合法性的根本支撑。理论界与实践界对司法决策的质疑,主要是从司法决策主体角度展开讨论的,具有代表性的观点认为,智能化司法决策权力由于并未获得公共授权,因此从权力的溯源上就是不合法的。进一步来说,如果认可智能化司法决策的结果,无外乎间接为公众增加了"服从于人工智能的法律义务",而这种义务的增设不仅没有法律依据,也与司法的公共属性相悖。[2]

第一,司法权的权力来源于人民的授权,但司法权力是国家进行权力划分的结果。一方面,司法权作为一种公权力,一般由法院负责行使,其直接渊源是《宪法》或《人民法院组织法》;另一方面,司法职权一般通过法院系统内部赋予法官这一个体来具体行使,这一权力来源于《法官法》。因此,从司法权的公共授权角度来看,审判权力应当归属于法院,而不是具体的法官个人。

第二,法官的职权来源在于法院,法官具体负责的工作范围是法院系统内部工作分工的结果。法官是负责执行法院司法权的内部工作人员。正如我国《宪法》和《人民法院组织法》所表明的"人民法院依法独立行使审判权"。当然,这种权力的隶属关系,在司法责任的分配领域也有所体现,如司法错误的责任主体主要是法院,法院系统内部通过一系列问责机制,实现对法官行使司法权的管理与监督。由此可见,司法权的权力

---

[1] 陈锐、孙庆春:《人工智能司法决策的合法性辨疑》,载《西安交通大学学报(社会科学版)》2021年第3期,第125页。

[2] 江秋伟:《论司法裁判人工智能化的空间及限度》,载《学术交流》2019年第2期,第92~102页。

来源主体是法院，法官行使司法权这一实践操作，仅仅是法院内部的权责分工的内容。

第三，智能化司法决策不会改变司法权的公共属性。人工智能技术虽然冲击了法官裁判权，但是人工智能技术对司法裁判领域进行适当渗透并不能够改变这种权力隶属的关系。毕竟，虽然法官是司法人工智能系统的使用主体，其裁判结果参考了智能系统的输出结果，但这也仅仅是法院系统内部的权力分工而已。换句话说，司法审判权的主体原本就是法院，法院对司法人工智能进行系统部署，尽管智能化决策的输出结果参考了人工智能的技术因素，但这并不改变司法权力由法院所享有这一客观事实。毕竟，法官的审判权来源于法院系统内部的工作分配。即便人工智能替代法官进行司法裁判，也并不必然破坏司法权的公共属性，更不会造成司法权的合法性危机。那么，基于"举重以明轻"的逻辑，在当前"智能化司法"下技术叠加于司法裁判领域，是裁判逐步"智能化"的过程，而非完全意义上的"智能裁判"，这一点在第一章已经有所论述。显然，在这种权力结构和隶属关系下，智能化司法决策并不会苛以公众"服从人工智能的法律义务"。从这一角度上看，司法裁判的权威性来源于法院而非法官，在智能化司法的场域下，公民服从的是法院与法律的权威，所以智能化司法决策并不会改变司法权的公共属性，这也进一步印证了智能化司法决策的权力来源具有合法性。

（三）智能化司法决策保障司法权的运行

运用智能化司法决策会冲击司法权的独立性吗？有学者认为，人工智能司法决策威胁司法权的独立运行，导致技术对司法权产生冲击。[1]本书的观点是，在合理监管框架内，人工智

---

〔1〕 王禄生：《司法大数据与人工智能技术应用的风险及伦理规制》，载《法商研究》2019年第2期，第101~102页。

第三章 智能化司法决策中的责任问题

能在司法决策中的应用并非威胁而是保障了司法权的运转。毕竟，司法权独立运行是司法公正的必然要求，此为理论界与实务界所广泛认可，对司法权的运行加以必要的规制，也是司法权的内在要求。人工智能赋能于司法决策时，人工智能的"技术理性"恰好可以作为一把"钥匙"来控制司法权（尤其是法官的自由裁量权）偏离司法正义。具体来说，算法对司法决策的规制作用主要体现在：第一，通过技术理性防止法官因为片面性的主观判断而滥用权力。第二，人工智能技术的技术优点更在于通过统一技术消除司法权的外部影响因素，避免外界权力不当干涉司法裁判。因此，不论是从规制司法权运行的角度，还是从消除司法权力外部影响因素的角度来考虑，技术赋能下智能化司法决策的优势都更为凸显。从这一层面来看，人工智能对司法机关独立行使司法权产生消解之说法并不能成立。

此外，部分学者从"技术即权力"的假设出发提出怀疑，认为由人工智能技术所代表的"技术权力"会对"法律权力"产生挑战。对此，本书的观点是：尽管这种广义的权力论在揭示权力演化本质这一过程中具有一定的积极作用，但这并不能够完全用来表述制度性的权力。比如，司法权的首要特征在于其是在特定的司法制度框架内产生与运作，但"泛化的权力"仅仅代表一种泛指的可能性。在"技术即权力"这一观点下，人工智能技术代表一种技术性权力，其与"电力技术也代表一种权力"并无明显差别。司法的技术发展史表明，在司法发展的过程中，不同时期的技术变革都能够促进司法权力的优化与完善，人工智能技术亦是如此。在智能化司法的背景下，人工智能技术保障了司法权的运行，而非破坏或消解了司法权。

第三节 智能化司法决策的运行逻辑

一、权力起点：智能化司法决策的效能

人工智能技术的进步使司法决策的权力从传统的法官决策转向算法决策成为可能，随之产生了许多亟须解决的新问题。人工智能在司法领域的应用大幅度地提升了审判的效率，并正在逐步通过算法的透明度来消除司法的不确定性，进一步压缩司法裁量的空间。不可否认，人工智能技术可以有效弥补法官决策的不足，在信息处理抑或是提升效率方面具有明显优势，这也是智能化司法决策存在合理性的表现。但是，没有必要对法官决策与智能化决策进行机械的优劣对比。毕竟，人类的决策本身就不是完美的，其在进行决策的过程中容易受到诸如政治、舆论等因素的制约。妥善纠正并弥补人类集体决策的缺陷是现代法治的重要内容，在智能化司法这一背景下，我们不仅应当关注人工智能技术适用于司法领域之合法性论证，也要对人工智能技术进行相应的控制，借此保证智能科技有效地服务于司法。[1]智能化司法决策的逻辑起点或者说权力起点是传统的司法决策，它是以法官为裁判主体、以智能技术为辅助的司法决策形式，其运行应符合传统司法权之特征。具体来说：

第一，司法权力具有被动性与终局性特征。智能化司法决策应当坚持权力的"适度"运行，避免算法生成机制"衍生性干预"司法，防止司法权力的泛化。智能化决策最本质的特征就是机器具有自主性。这种自主性决策意味着机器可以不受人

---

〔1〕 陈瑞华：《司法体制改革导论》，法律出版社2018年版，第7页。

第三章 智能化司法决策中的责任问题

为干涉地作出选择与决定,这点与传统非算法决策的自动化决策不同。智能化决策主要是指"机器可以不受人为影响地对一个程序或者算法进行重复运行",一旦控制不当则容易通过算法衍生性干预司法,损害司法权力的被动性与终局性,这也是智能化决策被实务界与理论界所诟病的重要原因之一。

第二,司法决策具有集中性。司法决策的作出要求司法权在一定时间、空间内连续行使,它往往依赖于司法程序的控制,但智能化司法决策可能减损当事人的程序性权利。人工智能开创了多种当事人参与司法的新模式,[1]为保证司法裁判的客观性,司法权要求裁判者满足"亲历性"要求,保证当事人有充足的参与机会,司法裁判的作出不受法庭以外因素的干扰。然而,人工智能技术应用于司法裁判领域,尤其是智能化决策这一新模式开创了多重当事人参与司法的新型审理模式,在法官与当事人之外,系统的开发者、设计者与系统的部署者等会以"潜在方式"对司法裁判产生实质性影响。同时,人工智能技术的适用在一定程度上导致当事人与法官之间产生了"时空隔离",对当事人的程序参与权造成了一定程度的减损。

第三,司法裁判应当公开,但算法运行实际上是一个"黑箱"。传统司法决策的公开性主要体现为在相关主体的民主参与下实现审理过程公开与裁判结果公开。然而,在智能化司法决策中:一方面,由于技术的复杂性,算法黑箱将司法决策权拖拽到一个由算法王国所构建的不透明领域,因缺乏有效途径获取司法决策相关信息的途径,当事人的决策判断能力可能会被不当削减。另一方面,人工智能技术得以进行司法决策的养料是"司法数据",且应当为高质量的司法数据,算法在对司法数

---

〔1〕 陈姿含:《司法算法决策中的权力逻辑》,载《中共中央党校(国家行政学院)学报》2022年第3期,第141~149页。

据的信息进行处理的过程中容易受到人的价值的影响,且这一过程往往具有隐蔽性。

第四,司法决策的目标除了定纷止争,还应当兼顾社会效果。与传统的司法裁判相比,智能化司法决策由于受到数量庞大的"司法数据"喂养,辅之以强大的算力支撑,往往可以通过"类案类判""偏离预警"等使得相同案件获得相似的判决。但智能化决策在平衡单一案件的具体效果与社会效果时往往会略显吃力。故而在智能化司法裁判运行过程中,应当避免机械裁判,通过制度的建构尽可能兼顾案件的社会效果,以情感理性弥补技术理性之不足,避免使智能化决策沦为指令式运作。

二、权力过程:智能化司法的决策程序

(一)技术嵌入司法呈现叠加型优势

许多人认为,智能化司法决策的问题来源于人工智能的决策程序与传统司法决策程序在道德层面的不同。由于存在"算法黑箱",智能化司法决策会影响司法程序的透明性,且智能化司法决策的形式性特征不仅减损程序正义,也可能导致智能化决策出现错误。智能化决策要求系统严格地适用于决策标准,而在传统司法实践情况下,裁判结果的生成是一种法律适用与事实认定并行的过程。更为理想的方式是,在人工智能技术进入司法领域的同时,将算法的技术理性与法官的情感理性相融合,实现二者的优势互补。在这一过程中,算法的优势在于其具有较强的信息处理能力,可以处理情形即便复杂但是通过程式设置能够形成简单指令的决策性事项,比如法律信息检索。然而,法律规则通过预设规则实现对行为的调控,需要通过一系列规则的设定,将纷繁复杂的行为囊括进来,从而产生指引效果。因此,法律规则的制定一般需要有较强的预测性与包容

性。与之相反,作为一种事后的决策方式,算法决策的优点在于其信息处理能力与分析能力,它擅长处理行为重复、种类繁多的事项,能够明显降低决策的成本,同时也能够通过数据分析、信息处理等方式提高当事人对于决策结果的认可度,压缩司法裁量空间,实现类案类判,减少司法裁判的不确定性,呈现叠加型优势。

(二)将定量的法律预测应用于司法裁判过程

司法程序公正要求裁判者依据既定的程序,平等地听取相关权利主体的意见,按照一定的标准整理争议点,并作出当事人能够理解的司法决策。因此,在司法程序中,公平合理的司法决策应当广泛听取多方意见,以维护正义价值。当前,学界对通过算法进行程序设置的质疑聚焦于"司法裁判能否被预测""算法决策是否可以实现这种预测"等问题。在技术层面,要想实现算法的司法化,将算法应用于司法裁判过程中,需要首先厘清下列问题:第一,司法裁判在宏观层面具有一定程度的政治意义与法律意义,其解决的不仅仅是单一案件的判断问题。第二,算法介入司法裁判对法院和法官的价值是不同的。目前,我国上海、江苏、浙江、贵州等地正在积极推进的智能化司法建设大多包含"案件偏离预警"功能。具体来说,其可以对证据链条完整性,量刑幅度的偏离等情况实现即时预警,这一系统也可通过对"办理案件期限""具体流程步骤"等进行比对,以制约司法人员的办案流程与办案效果。对于法院来说,算法嵌入司法裁判这一过程,对实现法院部门的内部监督意义非凡,对法院提高整体性的司法质效具有重要作用。然而,对于法官而言,人工智能司法产品诸如"案件偏离预警"的功能,无形中对法官独立审理案件产生了隐性干预,容易引发"卸责于技术"问题,进一步消解法官的自主裁量空间。第三,对算法的规制，一般需要以海量且优质的数据作为支撑。司法决策过程算法化运转的前提是"海量且高质的司法数据"。毕竟，算法输入的信息的质量将反过来影响算法的运算结果。然而，司法数据的质量与利用是否符合法律规定的问题通常会转化为法律应当如何监管算法且能够在一定程度上解释算法。当然，妥善解决算法规制问题的核心是立足于人工智能背景，寻求商业秘密与当事人（公众）利益的契合点，进行制度设计，将监管责任压实到智能化司法决策各阶段的参与人员身上，对算法的运用方苛以必要的解释义务。

三、权力效果：智能化司法决策的非歧视与算法公平

司法决策的效能要求智能化司法决策在传统司法决策框架内运行，以维护法官的裁判权。司法决策过程的智能化注重把控人工智能的技术特性，将人工智能技术的运作逻辑嵌入司法运行机制，从而对司法裁判权产生重塑作用。而智能化司法决策的效果，应当从是否"非歧视"且兼顾"司法正义"方面进行评估。司法决策遵循"过程—结果"的思维逻辑，立足于传统司法程序坚持"以事实为依据，以法律为准绳"。然而，智能化司法的算法决策遵循的是"数据输入—算法运作—结果输出"的思维逻辑，算法以司法信息为基础，通过程序性设计将"数据进行量化"，从而输出结论。

总体来说，司法决策与算法决策均通过"程序设计"导出结论，在这一点上具有相通性，这也为智能化决策实现"算法决策"与"司法决策"的互动式融合创造了契机。但是，司法决策的运行形式、运行主体、运行程序、运行结果都受到严格限制，司法决策追求的结果主要是价值属性。而算法具有极强的要素属性，因此其决策结果的类型也具有多样性。基于上述

论述，智能化司法决策的过程是算法决策与司法决策叠加的过程。因此，智能化司法决策的运行问题也兼具价值属性与要素属性，其引起的公平问题与歧视问题也兼具复杂性。主要包括以下三点：一是人工智能技术存在不稳定风险。算法虽然在效率与信息处理能力上较之人类法官有显著的优势，但在面对疑难、复杂以及新类型案件时，算法决策的精确性程度存疑，因此应当审慎看待人工智能技术介入司法的过程。二是算法偏见一般存在隐匿性且不易被发觉，如可能存在于司法人工智能的部署、设计、运行、审查等各环节，当存在质疑时，相关公司可能会以"涉及商业秘密"为理由拒绝公示相关的代码，且即便能公示，普通人员由于缺乏相关知识，也并不具备一定的解码能力，使得这种算法歧视与偏见更容易被隐藏。三是智能化司法决策会使当事人的知情权、个人信息与相关司法数据利益受到不良影响且不自知。"在算法决策过程中，歧视不易被发觉，偏见还可能通过自动化决策被放大。"[1]因此，消除算法歧视的核心措施在于构建一个算法的解释性框架模型，这一模型应当包含"解释对象""解释的方法""解释程度""解释的效果""评估结果"等因素。这一可解释模型既是人工智能介入司法决策领域的技术层面的要求，也是从司法公开与司法公正的角度对人工智能技术提出的要求。

第四节 技术嵌入司法决策领域的责任边界

随着技术的不断更新迭代，司法决策逐渐演变为机器影响下的人与机器共同作出的混合性决策。这体现在智能系统提供

---

〔1〕 陈姿含：《公共领域算法决策的几个问题探讨》，载《理论探索》2020年第3期，第117页。

了"信息技术""信息种类""决策架构"等影响法官司法决策的技术支持上。一项具体司法决策的作出,并不仅仅是"法官决策"与"机器决策"的简单相加,而是融入了司法与技术的程式逻辑的有机混合的智能化系统。"法官决策"与"机器决策"的合理分工标志着:一是司法决策能够兼顾传统司法要求的司法公平、正义和效率等价值。二是智能化司法决策能在人类感性与机器理性间寻求最佳平衡点,以技术理性与人类理性进行优势互补,相互弥补对方的劣势。

一、责任控制以防止技术依赖

智能化司法决策的应用需要避免法官对技术的绝对依赖,坚持"技术增强法官"的立场而非"法官依赖于技术"。从司法实践来看,人工智能系统的部署者为人类,法官成了人工智能系统的部署者,参与到信息的搜集、设计、开发、运行及维护各环节。因此,避免司法决策中法官产生技术依赖需要做到以下几点:第一,从系统的部署角度来看,司法人工智能的系统设计必须注重信息搜集的多样化,防止由于信息的缺失、代表性不足而影响决策的质量,注重信息筛选,淘汰无用信息,最大限度地发挥司法数据信息的效能。第二,智能化司法决策系统应当重视人文主义理念,充分发挥人的主观能动性,发挥法官的主体作用,重点强调技术内嵌于司法的理念。同时,提升智能化司法决策风险的敏感度,从系统设置之初就将智能裁判系统提级审查,以"高敏感性"来对待,组织专家人员进行多方论证与评估。第三,智能化司法决策的智能系统,应当重视其系统部署,完善架构设计。在进行智能化司法决策系统的设计与开发伊始,就应当重视法官与技术的交互互动,为法官决策留足空间,以保证人类法官的司法主体地位。第四,注重对技术系统的更新迭代，不断优化更新的方式与更新的频率，通过外部方式对智能化司法决策系统作出及时反应，避免系统的僵化。

二、实现算法决策与法官决策的优势互补

合理优化人类法官与技术的关系，实现法官与技术的合理分工、法官资源与技术资源的优化升级。在我国的智能化司法建设中，人类与算法在司法决策中的分工呈现出从法官决策权的部分让渡到完全让渡，从非核心决策权让渡到核心决策权让渡的发展历程。[1]为真正发挥司法效能，制度往往要求人类参与智能系统的核心环节。当前对智能化司法的监管主要涉及两部分："对人的监管"和"对技术的监管"。不论是在国内还是在域外的制度体系中，司法监管往往均关注某一个特定决策、能够具体识别的个人作为监管的对象。由于算法黑箱是技术监管最无力的区域，算法运行过程几乎可以说是算法监管的"留白区域"。因此，对技术的监管主要有"事前监管"与"事后监管"。智能化司法决策并不仅仅是人类与算法的简单相加，而是在司法决策之中，人类与算法进行合理分工、交互相融。因此，对智能化司法决策的责任追究，应当从人机混合决策系统的标准出发，设置一个有人类参与且鼓励人类参与的责任框架体系，并且兼顾算法技术监管的多元化混合监管模式。

智能化司法决策应当为一种人机混合决策模式。在这种决策模式中，法官与算法各司其职，并非法官与算法的简单相加，其需要通过合理的配置来使人类与机器各司其职、各负其责，增加人与机器各自的优势，实现双方的优势互补。因此，应当

---

[1] 王禄生：《司法大数据与人工智能技术应用的风险及伦理规制》，载《法商研究》2019年第2期，第107页。

合理地界定人机混合模式中,算法决策、人类决策以及算法决策与人类决策相混合的模式各自所占的比例。同时,基于对司法效率的考虑,在智能化司法决策系统的架构设计之中,应当尽量降低人类参与和改变决策的时间与制度成本,以实现人工智能技术分步骤、分批次进入司法裁判领域。

第四章
智能化司法的责任伦理建构

近年来，人工智能伦理问题引发了全球范围的广泛关注。从 2019 年开始，各国开始采取积极策略以应对人工智能可能引发的伦理风险。如日本颁布的《以人类为中心的人工智能社会原则》提倡对人机关系进行"理性看待"，构建"AI-Ready"以实现人工智能技术的安全应用。欧盟委员会颁布了《人工智能伦理准则》，提出要构建"可信赖"的人工智能，以提高人们对人工智能产业的信任。在我国，国家新一代人工智能治理专业委员会发布了《新一代人工智能治理原则——发展负责任的人工智能》，提出要建设"负责任"的人工智能，实现人工智能发展的"安全""可控"且"可靠"。由此可以看出，在人工智能发展的背景下，推动人工智能技术朝着"技术向善、安全可控"的方向发展，促进人工智能相关伦理规范的构建逐渐成了学界共识。

当前思考、讨论、寻求人工智能伦理的共识是必要且紧迫的，这是由人工智能技术本身的重要性所决定的。从一定程度上来说，人工智能技术是迄今为止对人类的社会生活、社会关系等产生影响最为深刻的一项科技。随着人工智能技术的不断发展，司法智能化引起的伦理问题及其风险已经成了新的学术增长点。有学者认为："数字时代的法律及伦理调整的主要内容就是人与由人类制造的工具之间的关系，是一种人与物的关系的调和。"[1]而智能

---

[1] 於兴中：《算法社会与人的秉性》，载《中国法律评论》2018 年第 2 期，第 63 页。

化司法是借助于智能技术（机器或智能系统）实施的，人与机器的关系是建构智能化司法责任伦理所无法规避的一个核心问题。毕竟，从法学视角来看，人类社会的组织原理主要就是问责机制。[1]

  本章通过对技术伦理与司法伦理的剖析与碰撞，梳理由科技引发的司法领域的责任伦理风险问题，从算法向度、关系向度、情感向度与资源向度等方面来区分人工智能技术对司法领域中司法行为产生的新影响，提出建构司法人工智能的责任伦理理论框架，并从宏观上作大方向上的体系与理论探索，提出建立智能化司法责任伦理建构的三大原则：一是坚持中立性原则，理性审视技术中立，看待技术对司法的赋能与消解；二是主体性原则，应当坚持司法的主体地位，明确智能化司法的"人本位"责任伦理模式，加强对人工智能时代司法主体地位动摇的风险控制体系构建；三是多重控制模式，以"法律控制""技术控制""伦理控制"互融互补，塑造兼顾"情理与法理"的智能化司法规制体系，防止司法领域人工智能技术的越位，促进人工智能技术的良善发展。

第一节　智能化司法责任伦理内涵

  研究智能化司法的责任伦理问题，必须不能绕开的一个问题即伦理学是什么？与公众的生活是如何进行关联的？其在人类生活中发挥什么样的作用？上述问题的解答，关乎对司法责任伦理的基本认识与整体把握。

---

[1] 季卫东：《科技让我们飞升还是制造牢笼》，载《社会科学报》2020年1月16日。

第四章 智能化司法的责任伦理建构

一、伦理与技术伦理

伦理学的研究肇始于公元前4世纪,由西方哲学家亚里士多德所命名,他著有《尼各马可伦理学》《优台谟伦理学》《大伦理学》三部著作。在我国,早在先秦时期,诸子百家争鸣时期就已经展开了与伦理学相关的研究。从整体来说,伦理学作为哲学的一门分支,《简明不列颠百科全书》对其表述如下:"ethics 哲学的一个分支,其分析、评价并进一步发展规范的道德标准以处理各种道德问题。"[1]伦理学并不仅仅体现在简单的事实发现与描述上,其主要是对社会道德现象进行深入研析,从中发现规律、阐释规律,同时为公众的生活、行为、实践等提供价值导向与价值指引,对既有的道德规范本身的价值进行优劣评判并作出取舍,从而设计与整合系统,构建符合社会要求的道德规范体系。

伦理学对价值问题的研究具有独特的视角,其本身也是一种实践学科,不仅关注向公众传递道德自身的知识,更落脚于建构匹配时代要求的道德规范,从而为公众的生活与实践提供价值规范与道德指导。因此,笔者对技术伦理做以下诠释:技术伦理是指在技术的开发、应用过程中,所涉及的技术与人、技术与社会等之间关系的道理与准则,是沟通与规制虚拟世界和现实世界的桥梁与纽带。

二、智能化司法的责任伦理内涵

(一)责任伦理

责任伦理这一概念肇始于德国社会学家马克斯·韦伯。他

---

[1] 中国大百科全书编辑部译编:《简明不列颠百科全书》(第5卷),中国大百科全书出版社1986年版,第456页。

认为:"一切具有伦理思维的行为都必须合乎信念伦理或责任伦理的标准。"[1]20世纪后半叶,作为德国甚至世界极具影响力的思想家,约纳斯对高新科技伦理的抨击极具代表性。他说道:"被破坏的时代,责任伦理是不可或缺的。"[2]一方面,责任伦理重点研究价值问题与义务问题,它是担负人类共体、共生、共存责任的伦理学,也是一种面向未来科技的伦理学。另一方面,只有负责任的行为才具有社会道德价值,责任伦理落脚于人对自然与他人的责任感,为建设未来文明塑造了伦理理论支撑。其核心内容体现在:一是在观念方面要求人们达到某类伦理或价值共识。二是在实践方面通过这种达成的伦理共识或者价值共识来指导人们的具体行为。现代意义上的伦理学是以"责任"为中心构建的。西方学者康德曾经明确指出:"自己的道德理论是建立在责任的概念之上的。"[3]与此同时,司法职业伦理的目的也是解决"司法的道德责任"问题。[4]有学者认为,"责任"应当具有两层含义:一是通过法律规范进行调整的外部责任;二是内化于心的由伦理规范所约束的内在责任。基于司法权威的要求,对司法行为进行约束,不能仅依靠法律规范,应更多地通过司法责任的伦理来进行约束,才能实现内外两层面对司法活动的有效规制。[5]

---

[1] [德]马克斯·韦伯:《学术与政治》,冯克利译,生活·读书·新知三联书店1998年版,第107页。

[2] 张荣、李喜英:《约纳斯的责任概念辨析》,载《哲学动态》2005年第12期,第45~51页。

[3] 陈嘉明:《建构与范导——康德哲学的方法论》,上海人民出版社2013年版,第257~282页。

[4] 王申:《司法责任伦理是法官存在的必要条件》,载《江海学刊》2016年第4期,第131~132页。

[5] 高童非:《数字时代司法责任伦理之守正》,载《法制与社会发展》2022年第1期,第152页。

与理论伦理学不同,应用伦理学主要是从科技变革的角度来审视科技飞速发展过程中人类的应对问题,以基本原则的构建为主要落脚点,重点关注人类在科技变革时期应对科技带来的风险问题。有学者认为,应用伦理学本身就反映了科技时代应有的一种精神需求与精神气质。[1]近年来,人工智能在司法领域的应用正在逐渐深化。作为一项新事物,司法智能化引起的伦理风险危机已为学界所关注。然而,有关责任伦理问题几乎处于初步研究阶段,相关研究缺乏且与司法实践不匹配。随着人工智能技术的发展,司法智能化进程必将推进司法责任的重塑与发展,梳理与归纳司法智能化过程中的伦理风险,以寻求破解之道,在此基础上对司法实践中的责任进行重新分配与界定已经成了智慧司法建设难以回避的问题。

(二) 智能化司法的责任伦理

当前,法院的智能化建设正在如火如荼地进行中。以北京、上海、浙江、贵州为代表,各地逐步推出了不同称谓的人工智能法律系统。一方面,这些司法人工智能系统将法官从重复且缺少技术性的司法劳动中解脱出来,促进司法资源供给侧结构性改革,对优化诉讼服务助益良多。另一方面,人工智能从"类案推荐""裁判预测""偏离预警"等方面担任了审判辅助角色,对提高诉讼效率具有重要价值。不可否认,人工智能在司法领域取得了突出成效,但司法的"亲历性"与人工智能的"技术效用性"间的博弈与碰撞也产生了"算法黑箱""算法偏见""数据泄露"等一系列伦理问题。具体来说:一方面,司法本身即内嵌了伦理问题,司法是以公正为目的的,道德与法律的关系本身就是司法的重要问题。智能化司法的算法歧视等问题不仅仅是技术发展本身的问题。另一方面,科技具有两面性,

---

[1] 谢军:《责任论》,上海人民出版社2007年版,第9页。

运用不当也容易产生司法不公，损害司法公正。当前，我国已迈入人工智能时代，正确认识与理解人工智能的伦理风险，寻求解决之道，已经成为目前司法智能化建设的关键内容。"智能决策"对司法决策影响程度如何？由于智能技术的发展前景具有不确定性，未来人工智能所带来的司法风险已经逐渐显现，由此产生的责任伦理与风险问题应早做规划，进行前瞻性思考。

智能化司法的责任伦理是在新兴科技发展的基础上产生的，具有技术伦理与责任伦理的双重特性。当然，它也与传统的伦理存在质的差别。因此，笔者尝试以司法人工智能的"技术逻辑""伦理向度""伦理风险"为视角，挖掘消解智能化司法责任伦理风险的途径，为司法现代化建设清除壁垒。总体来说，智能化司法责任伦理的重心在于：一是通过为社会道德文化提供理论方面的指导与理论的支持，为建构公平合理的司法秩序提供价值支撑。二是弥补目前法律的滞后性，推动建立一个司法智能化背景下符合社会主义核心价值体系的新型责任观，以道德作为先行者，以"责任控制"为利器，对人工智能的司法运用进行道德约束，以保持司法秩序的公正性与合理性。

三、智能化司法的责任伦理特征

在当前智能司法的实践运用中，尚不存在完全脱离人类参与的智能司法决策。比如，司法数据需要经过采集、标注、分类等以机器可以识别的方式输入；进行训练的算法需要经过算法设计者的编程；智能模型的生成及应用要经过算法工程师的集成、部署与测试等。即便暂且不讨论智能司法决策是否挑战司法权的主体地位，单就当前的技术水平而言，现阶段人工智能并不具备完全的智能，更难以脱离人的辅助而独立进行。同时，司法环境是复杂多变的，每一个司法案件都具有特殊性与复杂性,这对司法人工智能的实践适用提出了"情感理性"方面的要求。因此,由人工智能催生的司法人工智能产品在辅助司法活动、提高诉讼效率方面具有积极效能,人工智能本身对法官和司法裁决具有塑造效用,这也让法官或者司法裁决被置于算法异化或机械裁判的危险之中。在人工智能时代,机器能够分担部分司法活动,那也使技术成了法官潜在的卸责对象。因此,智能化司法的责任伦理是对司法领域内人工智能应用引起的责任变革进行梳理与研究,其核心要义是厘清责任分配,避免因司法领域技术的应用产生责任的推诿,同时培养相关主体的责任感,使司法人员善于运用司法人工智能,勇于担责履责,在制度上建构科学合理的责任框架,为人工智能技术带来的责任或权力失衡问题筑牢围墙,防止技术异化危害司法公正。

(一) 智能化司法的责任伦理核心:避免责任推诿

人工智能一般伦理主要体现为"算法黑箱""算法偏见""数据泄露"等问题。司法的智能化是借助智能技术实现的,其基础关系是人机关系,这是构建智能化司法责任伦理的核心内容。有学者指出,问责机制乃是人类社会的组织机理。[1] 从时间视角出发,责任包含"过去责任"与"预期责任"双重内容。前者以当时当下的时间为坐标,通过对过去的行为与时间进行历史追溯,借以判断行为的有责性、某一主体(个人或者是团体)是否应当被苛以责任,侧重于对已产生的过错进行惩罚或修补。而后者"预期责任"以未来为导向,侧重于对行为的指引与对过程的控制,比如合理界定某一主体应当承担的义务、

---

[1] 季卫东:《科技让我们飞升还是在制造牢笼》,载《社会科学报》2020年1月16日。

职责、任务等。[1]落脚于司法领域，"过去责任"主要体现为对办案责任的认定与追究，这与我国传统的政法话语体系相符合，其以"结果"为导向向前溯源追责，与我国传统意义上的司法责任相符合。

第一，从司法角度来看，智能技术不断渗透进司法领域，尤其是司法裁判领域，可能会削弱司法人员的司法责任感。人工智能技术的运用使司法活动出现了诸多新的变革，司法工作方式也产生了转变。比如，人工智能辅助系统能够辅助法官进行量刑，数字化风险评估系统能够进行裁判偏离预警、互联网在线诉讼系统能够大幅度缩短案件的办理时间，提升办案的效率。这一过程中，传统的司法决策方式也发生了显著改变，司法责任的承担方式也发生了调整。因此，通过对司法责任进行优化调整，建构面向人工智能的责任框架与责任体系，有利于防止制度失灵与秩序失调，也是司法智能化建设的重要内容。

第二，应在传统司法责任的一般特征之外，融合人工智能时代司法展现的新特征，重构司法的责任体系，从"过程""结果"层面对司法活动进行控制与约束。具体来说，预期责任是通过对行为的指引与过程的控制来对行为进行追责，对以"结果"为导向的司法责任追究模式具有重要的补充作用。有人指出："过去责任是法律责任的一种病态形式，预期责任才是围绕防止争议与有效促进合作的建设性行为所展开的责任模式。"[2]司法智能化带来的伦理挑战，一方面导致部分法官以计算机或者智能系统为由，通过计算机或者是其他主体转移过错风险与

---

[1] [澳]皮特·凯恩：《法律与道德中的责任》，罗李华译，张世泰校，商务印书馆2021年版，第48~54页。

[2] [澳]皮特·凯恩：《法律与道德中的责任》，罗李华译，张世泰校，商务印书馆2021年版，第48~54页。

过错责任。另一方面，智能裁判系统的运用使得程序的设计者、开发者在一定程度上对裁判的结果产生了实质的影响，一旦出现程序错误等技术原因导致的错案，由于现行的司法责任追究制度的滞后性，现行问责体系与问责框架已经难以有效应对，这也是智能化司法责任伦理所面临的一个重要问题。

(二) 智能化司法的责任伦理独特性

与其他的技术风险相比，智能化司法的责任伦理具有其独特性：

第一，智能化司法引发的伦理风险往往与司法活动的参与者（如当事人）的人身自由、财产权利紧密相连，人工智能的司法应用通过其"辅助决策功能"直接对诉讼参与人的人身自由、财产权利产生重大影响，其中一旦产生算法歧视，便会对司法公正、司法秩序产生重大冲击。因此，应当保持"谨慎立场"，对人工智能技术赋能于司法实践进行合理看待，坚持司法的主体地位不动摇，合理勘定技术介入司法的边界、厘清责任问题。

第二，人工智能技术引入司法领域是当下"案多人少"促进"司法资源的供给侧改革"的必要之举，法律数字化目前已经成为技术发展的潮流，适应社会的变迁本来就是法律的应然之义。因此，智能化司法的责任伦理具有其实践性需求，故而应当肯定人工智能技术赋能于司法的积极意义，通过构建面向司法领域的人工智能系统，加强对相关主体的责任控制，以使得人工智能技术在司法领域内"良善"发展，将人工智能技术在司法领域内引发的伦理风险控制在合理的范围之内。

第三，在人工智能介入司法领域时，算法歧视的原因往往难以捕捉，毕竟"深度学习"是典型的黑箱算法，即便是算法设计者，也无法准确知晓算法决策的具体细节。因此，智能司法系统实现"算法公开与算法透明",及时识别司法活动中的算法歧视问题并加以纠正的难度很大。毕竟,即便在传统的审判模式下,法官裁判也受限于个人经验、思维惯性等因素,决策结果实现歧视"全无"也不太现实,故而也不应对智能化司法系统"歧视问题"太过苛责,智能化司法的责任伦理并不是要实现"算法歧视"的全无或者"算法的绝对透明",而是通过伦理形式为智能化司法各主体建立"道德或伦理"义务,以规制司法领域人工智能技术的发展,将算法歧视控制在合理范围之内。

第四,智能化司法的责任牵涉的利益具有多方位性,司法人工智能系统的设计涉及多方利益的博弈,而"资本家的逐利性"容易导致其放任技术对司法公正的侵袭。因此,智能化司法的责任伦理覆盖的对象不仅仅是司法实践中的司法人员,还要涵盖司法人工智能系统的部署、设计、论证、审查等全流程环节,立足于传统司法责任整体架构,融入"技术人员""科技公司"相关道德责任与义务,从而弥补法律规制滞后性,建立面向人工智能的司法责任范式。

第五,人工智能的司法应用使司法人工智能具有一定程度的公共利益价值。一方面,智能化决策的辅助参考作用使量刑预测成为可能,对预防犯罪起到一定指引作用。另一方面,对信息检索等大数据智能进行分析,也为司法贴近民意,司法体系的优化升级提供了数据参考。因此,智能司法责任伦理在一定程度上也应当关照社会的公共利益,寻求"司法"与"公众"互融互通的最佳结合点。

第二节 智能化司法的技术逻辑

"作为计算机科学的一个重要的分支,人工智能发展离不开

'数据''算法''算力'三大因素,其中数据是质料基础,算力是计算支撑,而算法是核心驱动。"[1]人工智能的主要目标是不断优化算法运算流程,以数据喂养不断提高算力。从技术的角度来看,算法是为了实现某种任务,在软件设计的初始阶段由算法工程师们所嵌入的一种数字化的流程与规则,使数据通过某种运算规则与程序运算出相应结果。这种通过代码实现的算法本身就是技术规则,而支撑这种智能技术规则的就是智能技术的技术逻辑。毕竟,虚拟空间任何的数据处理、主体身份识别、认证、评分的进行乃至平台构建都是通过算法设计来实现,遵循算法规律与算法规则,即人工智能的技术逻辑。因此,算法几乎是虚拟世界的法律化显示,而技术逻辑就相当于是对算法的溯源探讨,这是研究智能化司法责任问题的重要内容。

一、智能化司法的技术逻辑内涵

现阶段众多的人工智能司法系统将人类法官的"能力相当性"作为衡量司法人工智能产品智能性程度的关键标尺。然而,一味追究司法人工智能对"人"的地位超越,忽视了技术自身的局限性,将导致人工智能在司法应用实践中的失范现象。一方面,智能技术的运算过程在技术上仍然被视为一个"黑箱"。另一方面,智能决策与服务也并非"完全意义上的价值中立",虽然算法凭借其"输入—运算—输出"过程看似得出了客观的结果,但是司法数据的采集、挖掘、使用离不开"算法设计者(人)"的参与、数据的"动态监测、分析预测"等内容。算法的属性主要来源于自然人的属性,离不开人的价值的有效嵌入。而人的价值(主要指"算法设计者"而非"法官")嵌入

---

[1] [英]凯伦·杨、马丁·洛奇编:《驯服算法:数字歧视与算法规制》,林少伟、唐林垚译,上海人民出版社2020年版,第4页。

司法人工智能系统,可能导致算法的输出结果带有"算法偏见",这些算法偏见会阻碍另一些正当价值的实现。

(一)人工智能的技术逻辑

当前,人工智能技术的发展呈现以下几种趋势:①智能技术的学习能力在不断增强;依赖于算法的不断优化,人工智能系统有能力在历次运行过程中不断自我纠正与改进。②处理不确定性的能力正在逐渐彰显。有人指出:"人工智能不仅简单按照算法指令,按部就班处理问题,其具有根据实际情况灵活变通的能力。"[1]总体来说,在追求"类人思维"与"类人认知能力"的过程中,人工智能逐步形成以下基本特点:第一,人工智能可以从数据中汲取机器学习的养料,不断创立新的行为模型;第二,人工智能具有自我纠错能力,可以实现算法的持续优化或更新迭代,从而确保系统能够准确输出结果;第三,人工智能具有逻辑推理能力,人工智能有能力运用特定算法,来完成人类交给智能系统的特定任务。

总体来看,人工智能的技术逻辑是基于数据(知识库)和算法(逻辑规则)运算来展示相关系统的各项功能。这种功能主要包括知识(数据)的收集、处理、生成和推荐。[2]因此,人工智能通过对社会各项影响因素进行精确度量,从而得到运算数据,同时基于智能算法的学习能力,从数据库(数据样本)中自动学习数据之间内在联系,发现规律性特征,通过"结构化的数据处理"方式展开数据的训练与运算,通过创建算法模型的方式,以数据为养料,从而得出算法决策的结果。同时,

---

[1] 刘瑛、何丹曦:《论人工智能生成物的可专利性》,载《科技与法律》2019年第4期,第7~16页。

[2] 张刚要、梁青青:《人工智能的教育哲学思考》,载《中国电化教育》2020年第6期,第1~6页。

当这种决策作用到个人身上，并获得意见反馈之后，可以进一步优化智能算法模型，实现智能系统的不断优化升级与迭代。

（二）司法场域人工智能的技术逻辑

聚焦于司法领域，人工智能的技术逻辑是通过"数据搜集""数据建模""数据训练""验证模型""使用模型""优化模型"来进行智能决策的。具体来说：首先，数据搜集是对客观世界进行度量获得的，具体到司法场域，就是将各类司法信息进行"数字化处理"，从而获得司法数据。其次，数据建模、数据训练与验证模型作为人工智能的"智能信息处理"功能，在司法场域体现为将诸多司法小数据结构化处理为司法大数据，建构人工智能模型，从而将司法活动"可视化"。最后，"使用模型"与"优化模型"是智能机器的智能推理、智能决策与自我纠正过程。总体来看，人工智能技术在司法领域具有巨大潜力，由于司法领域对人工智能技术的更高要求，人工智能的技术赋能存在根本限制。

在司法场域下，人工智能技术应用可能存在的局限在于：一是智慧知识与伦理道德之间的关系调和能力不足。对法官的现代德行要求，不仅仅要有善良的道德德行，还需要具有智慧的德行才能够实现司法公正，而智能化司法往往面临"智慧有余"而"道德判断不足"的弊端。二是人工智能对于司法决策的伦理判断能力不够。由于知识壁垒，算法设计者难以把握系统部署者真正的设计需求，也无法将设计需求准确地体现在司法人工智能系统上，即"技术与司法的剥离"，缺乏对技术伦理的整体观照。三是基于审理经验、所处区域、司法惯性等诸多不同，法官在处理同一或同类案件的时候，往往存在意见不一的情形，造成这种差异性来源的往往不是纸面上的法律规范，而是根植于法官内在的价值判断，这些软性指标难以被人工智能系统所准确识别。因此,智慧知识与伦理道德间的关系可以从大数据分析、深度学习入手,通过对算法进行不断的更新迭代来解决,而对司法"软性指标"进行数据化处理,短时间内难以有效解决。

二、智能化司法的技术逻辑特征

(一) 智能算法助力"类案类判"的精准实现

智能算法的设计与具体运行决定了司法人工智能服务的功效,也决定了司法人工智能技术逻辑的存在与优化。从技术赋能角度观察,现阶段学界对于人工智能从事的一些辅助类工作(比如法律检索、智能导诉、诉讼服务智能化等方面)的应用已经屡见不鲜。当前,法学界研究的重点内容虽然聚焦于人工智能的"智能裁决",但传统的司法信息化建设难以通过机器学习在"类案类判"这一决策与反馈层面取得突破性进展。在法律大数据与人工智能技术掀起中国司法新一轮技术改革过程中,通过人工智能技术来实现类案类判已被视作贴近一线法官需要的重要内容。[1]总的来说,类案类判意味着相同案件获得相似判决结果,这一机制的主要目的是通过主动或者被动方式,为法官处理案件提供相似或相同的案件的参考,有助于拓宽法官的判案思路。法官作为案件判决的负责人,"类案类判"在一定程度上对法官的自由裁量权起限制作用。然而,当前类案类判系统存在诸多问题。[2]这些问题的产生,不仅有制度方面的原

---

[1] 左为民:《如何通过人工智能实现类案类判》,载《中国法律评论》2018年第2期,第26页。

[2] 如检索案例不精确、推送案例范围过窄、来源不明、层级不清、类案类判实践差异过大等问题。详见左为民:《如何通过人工智能实现类案类判》,载《中国法律评论》2018年第2期,第27页。

因，也有技术水平不够、司法数据不充分等方面的原因。

人工智能技术的发展为真正实现类案类判提供了契机。与传统的信息技术相比，人工智能技术在助力"精准推送""精准匹配案件"上面具有独特优势，能为法官提供海量司法大数据，实现对已有判决经验、参考因素等内容的精准捕捉与系统分析，精准匹配目标案件与历史案件的相似情节，对现有案件进行裁判预测与偏离度预警（辅助）。具体表现为：①人工智能算法借助机器学习与司法数据挖掘，检索类案推荐给法官作为裁判参照，协助法官判案；②通过对海量司法大数据的结构化处理，实现案例数据的自动提取与智能学习，建立自动化裁判模型自动匹配类案，同时预测类案裁判结果；③人工智能技术的应用使得"同案不同判偏离预警"成为可能。在目标案件尚未得到确定判决之前，人工智能系统通过比对历史类案的裁判尺度进行偏离度预警，以约束法官的自由裁量权。[1]

总的来说，司法场域内人工智能的运用将法官从繁琐的劳动中解脱出来，也在司法决策上为法官"法律论证""推理""判断"等提供技术协助，在提高法官工作效率、促进司法资源合理配置方面助益良多。

(二) 智能度量助力司法活动主体的智能多维延展

"智能"一般是指"智慧才能"，泛指观察、思考、想象等能力。人工智能通过测量人、事、物在司法领域的状态感知与情感，融合法律规则进行智能化度量，使司法活动各主体获取司法数据和司法资源的方式呈现出"广泛性特征"。一方面，人

---

[1] 王涵：《"智慧法院"改革的浙江经验》，载《民主与法制时报》2019年12月1日；丁国锋：《苏州法官判案：八种"机器人"助力苏州法官判案》，载中国青年网：http://news.youth.cn/jsxw/201704/t20170415_9488849.htm，2021年11月21日访问。

工智能技术促使当事人获得司法资源的方式与途径更为灵活，使当事人获取司法资源的方式更加高效，也可推动律师主体向更专业化的方向发展，还能使相关人员借助智能系统分析案件的关键情节，从而提出具体建议方案。如美国第一位人工智能律师"ROSS"是基于IBM沃森智能电脑而发展起来的，它能够与人类直接对话，对案件关键要素进行具体分析，通过类案比对在判例中寻找当下案件的建议处理方案，也具有"法律检测""法律备忘录"等其他的辅助性工具功能。[1]另一方面，人工智能可以补正传统办案人员的缺漏，使司法部门（公检法司等）分配司法资源的方式更为灵活多样，如"类案推荐"制度能够帮助法官精准定位同类型案件的判决情况，对法官判决起到参考（学习）作用；"智能量刑建议系统"有助于提高检察官对法官量刑模式的观察学习等能力；专家系统有助于将优秀的法官、检察官的办案经验进行数据化展现，通过司法智能系统融入法官日常办案学习；"裁判偏离预警系统"有助于及时纠正司法决策中的不合理部分，促进量刑尺度的统一；"证据校验系统"有利于侦查人员准确搜集案件相关证据，为定罪量刑起到前置基础作用；等等。[2]

司法人工智能的发展，除了能够大幅度提升司法效率、缓解"案多人少"的司法困境之外，还能够通过智能推送、智能裁决、偏离预警系统等倒逼办案人员进行主动或被动学习。同时，司法人工智能系统的使用，也为一些办案经验尚不足的法

---

[1] 参见罗斯智能公司官网：https://rossintelligence.com/ross/#，2021年11月21日访问。

[2] 如"苏州模式"通过网上办案流程的留痕记录，构建同案不同判预警监测等系统，辅助法院院长与庭长对案件进行动态跟踪管理。其中主要有OCR识别、信息项回填、智能语音转写、智能推送、同案不同判自动监测、文书智能生成等应用系统。

官、检察官、公安人员等开辟了一个便捷有效的学习途径;"司法资源共享"的便利条件,以及司法可视化过程不断优化,也为当事人、律师方从事辩护工作,全面保障当事人诉讼权利(辩护权)提供了便利。总体来说,人工智能通过对当时当下司法活动及相关数据的感知与度量,将司法信息进行数据化处理,为司法活动主体的智能拓展提供便捷,促进各主体(如律师与司法办案人员)在司法人工智能系统的辅助下实现知识经验与能力的多维训练与发展。

(三)智能决策助力司法服务质量高效改进

数据决策是司法人工智能得以持续发挥作用的关键支撑。基于司法大数据支持下的司法决策机制,有利于推进"案件审理能力""诉讼服务能力"现代化改革。首先,大数据驱动的人工智能系统在促进案件审理能力现代化过程中,以"自动化""辅助化"为导向,依托智能技术将案件审理过程中简单、机械、重复性的工作进行自动化处理,使法官从繁杂的简单劳动中抽离出来,以更好地匹配精力处理"复杂、疑难、新型案件"。在此基础上,通过运用智能技术对复杂疑难案件进行全面协助,实现定罪量刑过程由法官个人经验向集体经验的转变,提高审判质量。其次,在裁判执行能力优化方面,可以借助智能技术打破执行信息之间的信息鸿沟,实现司法执行平台与金融、通信等多平台的联动,建立裁判执行的大数据测算模型,以智能技术为法官"及时""准确""方便"地掌握被执行人的财产动态保驾护航。再如,针对当前传统诉讼服务平台的"制度设计粗放""缺乏服务意识"等弊病,人工智能以"功能化""智能化"为具体导向,在矛盾化解与纠纷过滤这一方面助益良多。一是通过智能技术优化调解先行,运用自动识别诉讼文书情节、类案、法律法规推送等功能,为纠纷案件的成功调解案件奠定基础，减轻审判负担。二是通过"法官画像"功能对复杂案件进行自动分派，促进案件分派的供给侧改革，实现审判资源的优化配置。三是在智能技术的辅助作用下进行审判与申诉预警，强化审判后答疑、投诉建议、接待信访等环节，构建信访与申诉风险评估与预警系统，提前化解纠纷，促进案结事了，改善司法服务质量。

（四）机器学习助力数字化司法资源的生成与创新

机器学习在一定程度上有利于数字化司法资源的不断生成与创新。机器学习（machine learning）就是让机器（计算机）自动获取新知识，不断完善自我、增强能力。[1]作为智能系统学习的根本途径，机器学习按照对人类学习模拟方式的不同方式，分为"符号学习"与"联结学习"两种模式。"符号学习"是指从功能上模拟人类学习能力的机器学习方法，其需要对司法信息进行符号化，实现法律建模，从而对"符号进行运算"，以进行相关的机器学习。"联结学习"也叫"神经学习"，主要是一种基于人工神经网络，模拟人脑的学习方法，具体为"感知器学习""BP 网络学习""Hopfield 网络学习"等，与相应的算法密不可分。

当前，司法数字资源的共享与智能推荐等已经成为智能化司法建设的重要途径，通过机器学习数据间的内在机理，对"碎片化"司法小数据进行结构化处理，揭示各个司法模块之间的关联情况，进而通过数据分析实现智能判断与预测。借助于机器学习与文本挖掘，人工智能在司法活动数字化内容的生成、整合、更新方面具有独特优势。它能够促进相关部门高效搜集整合不同时间段、不同区域、不同类型的司法资源。人工智能时代的数字化司法资源建设应当注重数字化司法资源的"个性

---

〔1〕 高举成：《数字法律与司法人工智能概论》，华龄出版社 2020 年版。

化定制与生成",防止司法决策机械化。

第三节 智能化司法的责任伦理风险

在司法领域,关于伦理问题的研究已经逐渐成为显学,较为具有代表性的观点有:黎常教授认为"应当从科技伦理的视角围绕人工智能领域所出现的伦理主体、责任分担、技术安全、歧视与公平性、隐私与数据保护等问题,开展中国情境下伦理原则与治理体系的建立、人工智能伦理研究的跨学科合作、理论分析与实践案例的融合、多元主体伦理角色分工与协作等方面展开研究"。[1]王亮教授认为,有必要从法律伦理监管、社交机器人优化设计、价值观念调整等入手,以应对社交机器人对人类同理心的"操纵性"与"欺骗性"。[2]也有学者认为,应当"利用法律规范数据源的收集、使用、共享,确保大数据算法的透明性、公开性,并根据算法应用的成熟程度及其影响力范围的大小区分算法政策的优先级"。[3]归纳来看,对于人工智能进入司法领域引起的责任伦理风险,学者们的观点主要是从算法伦理、关系伦理、情感伦理、资源伦理等多维度结合技术逻辑来看待的。其中,智能算法是智能化司法的基础工具,智能司法伦理的逻辑关系是其存在的载体,"情理与法理互融"是智能化司法的关键特色,以"智能技术"为资源服务于司法场域是智能化司法的根本目标。

---

[1] 黎常、金杨华:《科技伦理视角下的人工智能研究》,载《科研管理》2021年第8期,第9页。

[2] 王亮:《社交机器人"单向度情感"伦理风险问题刍议》,载《自然辩证法研究》2020年第1期,第56页。

[3] 贾开:《人工智能与算法治理研究》,载《中国行政管理》2019年第1期,第17~21页。

一、算法角度：技术伦理处于基础地位

在人工智能的伦理问题中，算法伦理占据基础地位。[1]智能司法是人工智能的重要组成部分，司法人工智能的技术路线是以算法为基础的形式化逻辑规则。司法人工智能作为人工智能与司法智识相结合的产物，其本质属性也是算法。因此，司法人工智能伦理在算法伦理向度上的内涵具体来说应当包括防止智能算法的功能片面化、防止算法运算不透明、防止算法黑箱风险、防止算法歧视等等。在算法伦理方面，司法人工智能的发展依赖于人工智能算法的不断优化与迭代，而人工智能算法具有"机械化"特性，且囿于技术水平的限制，可能导致司法人工智能在算法设计、测试、运行方面存在风险。具体来说：第一，人工智能的算法本身是一种"黑箱"，具有不透明性，这意味着监督难以实现，当事人的诉讼权利很可能遭受侵害，给司法公开公正与司法监督带来挑战。第二，人工智能技术的判断难以适应司法实践的灵活性情境，可能诱发机械裁判问题。毕竟，法律并非"极致的形式理性"，法律的适用也不是简单从文本输入到形成结果的输出过程。现阶段人工智能的深度学习水平远未达到"强人工智能"的标准，在处理常识、意图、观点等自然语言交流与理解方面，仍然存在巨大"瓶颈"。第三，人工智能在实现个案正义方面能力不足。司法实践中的单一案件往往具有特殊情形或者因素，这种特殊性是实现个案公正的要义所在。人工智能追求标准化，个案的特殊性特征往往因为"对人工智能的标准化分析"没有价值而为司法人工智能系统所

---

[1] 张刚要、梁青青：《人工智能的教育哲学思考》，载《中国电化教育》2020年第6期，第1~6页。

忽视。但司法所追求的是"衡平正义",要求通过法官的自由裁量兼顾个案的特殊性,以实现个案公正与社会效果的有机统一,而人工智能这方面的能力显然不足。第四,人工智能在处理新案件方面能力不足,其算法结果往往是基于对既往裁判经验的分析得出的,如果某项事实、情节或参数发生了变化,那么人工智能便难以实现灵活有效的应对。

二、关系角度:智能消解法官主体地位

人工智能技术与司法大数据在给司法领域带来新鲜生命力的同时,也因为可能的"技术异化"产生了风险。[1]人工智能被广泛地运用到司法活动的各个过程中,其风险与紧张关系,主要表现在以下几个方面:

（一）智能技术冲击司法的固有属性

大数据与人工智能在其他场域的优势恰恰有可能成为颠覆传统司法格局的潜在力量。[2]目前,人工智能在刑事司法场域应用最广泛的就是算法决策技术。在刑事司法智能化的基本进展路径中,可能存在数据垄断、算法黑箱、算法歧视等问题。人工智能在司法场景的运用如果缺乏规制,可能会引起司法过程中的数据鸿沟、技术垄断等问题。人工智能介入司法领域的实质就是智能技术与司法场景（司法制度）进行不断碰撞的过程。现阶段,人工智能技术之运用呈现出了明显的"数据前置性"与"算法依赖性"的特征,可能形成"算法即权力"的新

---

[1] 关于科技异化,参见李桂花:《科技哲思——科技异化问题研究》,吉林大学出版社 2011 年版,第 182~183 页。

[2] 王琦、安晨曦:《时代变革与制度重构:民事司法信息化的中国式图景》,载《海南大学学报（人文社会科学版）》2014 年第 5 期,第 1~2 页。

型权力形态。[1]一方面,司法提倡程序性、公开性理念。但算法的具体内容、具体设置、运算逻辑的相关展开,往往构成法律科技公司产品研发的知识产权或者商业秘密,难以向大众公开,即便公开,绝大部分人基于专业知识的匮乏,也难以进行衡量与判断。[2]另一方面,法官决策是以一整套理性化、程序化、公开化的机制为载体的,其决策需要听从控辩双方的举证、质证以及辩论,[3]而程序正义要求决策程序的公开、透明化,但智能技术的"算法黑箱""算法歧视"抑或是"算法决策过程"并没有一个公开、透明且标准的程序机制,难以有效监管与控制,这也与司法的"公正理念"相背离。

(二)智能技术消解法官的主体地位

从法学思想史来看,"法官才是法律世界的国王"。[4]人工智能时代下的司法场域在享受着"智能成果"带来的便利的同时,也承担一定的关系伦理的风险。比如,法官的主体地位在不断被削弱,法官越是依赖于技术,就越容易被技术"操控",以至于不断丧失其主体性。

第一,"司法智识不再由法官所独享",法官极容易丧失学习的自主性。人工智能具有极其强大的数据分析能力、整合能力,能够根据个案的不同情况,结合司法大数据分析精准推送

---

[1] 王禄生:《大数据与人工智能司法应用的话语冲突及其理论解读》,载《法学论坛》2018年第5期,第137~144页。

[2] 且不论算法向公众透露之后,公众是否能明白知悉,有研究人甚至认为,即便是专业人士凭借代码校验也很难对算法行为进行预测。See J. A. Kroll et al., "Accountable Algorithms", 165 *University of Pennsylvania Law Review*, 633(2017).

[3] 左为民:《AI法官的时代会到来吗——基于中外司法人工智能的对比与展望》,载《政法论坛》2021年第5期,第3~13页。

[4] 丁国锋:《八种"机器人"人助力苏州法官判案》,载《法制日报》2017年4月15日;顾元森:《江苏将推广"智慧法院"庭审效率可提高30%》,载《现代快报》2017年4月15日。

第四章 智能化司法的责任伦理建构

类案与相近案情，实现量刑的智能参照。然而，法官在决策时，若长期参考智能系统的系统输出结果，容易产生惰性，有可能在司法决策时产生"技术依赖"，丧失知识更新迭代的主动性与积极性，缺乏学习的好奇心。

第二，智能技术的使用导致司法决策权进行了部分让渡。国家大力推进数字法院建设为法官提供可依赖技术的制度环境，利用技术则被视为进步，不利用技术则被视为落后。[1]当前，法官司法决策、证据判断、量刑评价的相关职权正在被司法人工智能所取代，这广泛体现于目前被应用得如火如荼的"类案推送""量刑辅助""证据预警""案件分流分配""裁判文书自动生成"等功能上，法官的"知识权威"地位不断被挑战、消解与重构，其"核心决策权"在潜移默化地向外让渡，"数据决策"正在不断侵蚀"法官决策"。[2]

第三，司法人工智能在主体功能上尚存争议。欧盟委员会于2016年对人工智能作出了定义，将之明确定义为"电子人"，赋予其著作权、劳动权等相关权利及义务，这在一定程度上冲击了人类的主体地位。[3]原本作为司法辅助工具的人工智能，当人类迈进"强人工智能时代"，智能技术足够发达，人工智能可以完全模仿人类的一切时，是否可以真的实现"智能决策"替代"法官决策"？换句话说，"AI法官"能否享有"人类法官"主体的权利与地位、是否需要承担错判的"司法责任"？是全部享有还是"折扣式"享有法官主体的权利与义务？其法

---

[1] 王禄生：《司法大数据与人工智能技术应用的风险及伦理规制》，载《法商研究》2019年第2期，第107页。

[2] 当然，从目前的发展形势来看，法官将全部决策权转移给算法之风险为时尚早，但部分决策权转移的风险已需要学界进行谨慎思考，提前做好预判。

[3] 唐林垚：《人工智能时代的算法规制：责任分层与义务合规》，载《现代法学》2020年第1期，第194页~209页。

理、伦理支撑点在哪里？这些相关问题亟待得到清晰的回应与解答。

三、情感角度：技术赋能难以实现"情理与法理"兼容

司法人工智能通过技术赋能的方式复制和效仿人类法官的经验，主要是基于"数据化"司法信息的持续学习，把握不同因素之间的关系，将"数据经验"应用到决策中。[1]但司法人工智能系统效仿"司法裁判经验"的能力仍然不足，具体表现在人工智能的技术赋能难以兼顾"情理与法理"，产生"机械裁判"上。具体来说：

第一，司法经验并不局限于数据这一范畴，并非所有经验知识都能以数据化的形式呈现。司法纠纷的合理解决，需要的不仅是单纯机械的"照章办事"，也需要兼顾一些"软性指标"。如在司法实践中，法官"庭审的语言艺术""纠纷化解技巧""发掘争议的能力"与"当事人情感需求"等灵活的指标难以被有效量化，更难以被司法人工智能系统所吸收。然而，这些"软性指标"是司法融入群众以体现"司法温度"的重要内容。但这一能力显然是人工智能力所不及之地带。因此，当前司法人工智能系统的应用仅局限在简单、重复性强，有明确对错答案，存在于可辨别的潜在模式和结构场景之中。[2]

第二，人工智能技术赖以进行运算的司法数据往往局限于"明示经验"。比如，有学者曾指出："人工智能对审判经验的吸收及审判经验的标准化与规范化总结，往往是涵涉了审判实践

---

〔1〕 陈锐、王文玉：《司法人工智能与人类法官的角色定位辨析》，载《重庆大学学报（社会科学版）》2021年第7期，第1页。

〔2〕 H. Surden, "Artificial Intelligence and Law: an Overview", *Georgia State University Law Review*, 2019, 35（4）, pp. 1305~1337.

经验的一小部分,因此是人类智能进行模仿的初级阶段。"[1]司法人工智能所依据的经验一般是明示的经验,而一些默会的、隐性经验是隐藏于法官本人的"内心确认",这些内容本身并不在司法文书中得到体现,更无法对其进行数据化处理。这类隐性经验主要有:一是法官的性格、个人偏好、生活经历等;二是司法系统内部"不言而喻"的惯例,如在裁判时所需要考量的政策要求、产生的社会效果等等。

第三,数据化经验往往是对历史经验的总结提炼,无法创造未来。而司法实践中的案件往往具有前瞻性。这就需要通过司法途径对社会生活中出现的新案件、新问题进行法律创制、法律解释等,以适应法律的稳定性与适应性。一方面,涉及人身自由、财产的裁判权交给司法人工智能系统,超前于公众对智能化司法的信任程度,如公众对司法人工智能决策错误的接受程度往往低于一般司法实践中的法官决策。另一方面,司法人工智能的算法设计是受"历史经验总结"下的数据化司法经验"喂养"的,其难以解决司法实践中的新型问题,"智能程度"的有限容易产生机械裁判,损害司法公正。

四、资源角度:司法服务价值的遮蔽与蜕化

人工智能在司法场域的应用,主要牵涉两类资源:一是司法数据资源;二是诉讼服务资源。作为一种技术工具,人工智能的"技术理性"在多大程度上弥补资源的"价值理性"尚无法确定,这也使得司法人工智能存在一定的资源伦理风险。

第一,司法数据遭受信息安全挑战,基于数据下的诉讼服

---

[1] 潘庸鲁:《人工智能介入司法领域路径分析》,载《东方法学》2018年第3期,第115页。

务面临隐私泄露的风险。司法大数据作为我国数字法院建设的关键环节，所有的案例信息、司法数据内容均需要实现多部门的流通共享。因此，保障司法数据在流通过程中的数据安全，维护诉讼参与人（当事人）的个人信息安全至关重要。碎片化的司法小数据结构化为司法大数据的过程中存在以下问题：①数据的过分暴露致使一部分非必要的个人信息遭受信息安全风险。②无筛选的、低质量的司法数据会降低司法人工智能决策的准确性与精准度。③由算法偏见（算法歧视）伴随而来的司法数据的偏向性采集容易造成司法数据失真。

　　第二，智能化诉讼服务使司法过程简单化、机械化、线性化，虽然会给当事人带来便利，但因缺乏"人文关照"而存在人文价值蜕化风险。在司法人工智能的适用中，"技术理性"将类似案件纳入统一的算法体系，以便司法纠纷得到程序化的统一处理。然而，这种"技术理性"与司法自身的"情理与法理"之融合存在一定冲突。司法判决要求"让每一个人在案件的判决上感受到公平与正义"，而司法人工智能的技术刚性可能导致个案公正的折损。同时，法律文本本身具有开放性，而计算机系统的结构是封闭性的，二者存在冲突与矛盾。

第四节　智能化司法的责任伦理建构路径

　　智能化司法责任伦理风险的省思关系到未来智能化司法的定位与基本走向，在智能化司法领域内，技术、司法、伦理道德的关系既相互矛盾又相互作用，这一过程是技术与人互相博弈的过程，稍有不慎就可能引起新的伦理风险问题。这就需要重新思考智能化司法的责任伦理思维框架，以智能化司法伦理作为沟通智能技术与司法领域的桥梁，以伦理风险防控体系搭建智能化司法领域的"秩序原则",实现智能司法与司法人工智能的深度互融。

想要破解人工智能技术带来的价值危机,实现智能化司法健康有序的可持续发展,应当建构一套合理的、符合司法实践需求的伦理思维框架,以满足人工智能对司法领域带来的伦理需求。需要指出的是,智能化司法责任伦理的建构是一个系统工程,涉及责任界定、价值评估等多方面的内容,并非一朝一夕之功。因此,本书仅做宏观探寻,提出智能化司法的责任伦理建构原则,抛砖引玉、先行探讨,以期拓宽司法人工智能研究的理论宽度,为学界的后续研究贡献微薄之力。

一、立场性框架(原则):理性审视技术中立

伴随人工智能技术的不断发展,技术理性与情感理性的矛盾愈加突出。技术的发展需要适应人工智能的技术逻辑,但也需要进行合理控制,以坚持人工智能发展的伦理方向。具体到司法领域:一方面,紧跟技术的发展步伐,坚持与时俱进,考虑司法实践的具体需求,在人工智能技术应用的过程中明确其适用目的是"技术向善"。另一方面,对技术的发展保持"谦虚而谨慎"的态度,理性审视技术的中立作用。[1]在制度层面坚持算法公开,走出"算法黑箱",以实现人工智能技术"赋能于司法"而非"消解于司法",达到技术向善。

通过上文的分析不难看出,人工智能技术进入司法领域饱受诟病的来源主要有:第一,人工智能技术本身的发展受限,如由于技术发展的不足,人工智能技术在司法实践过程中能够发挥的作用也是有限的;第二,人工智能技术在使用过程中已

---

[1] 刘妍:《人工智能的司法应用及其挑战》,载《河南财经政法大学学报》2022年第4期,第143~145页。

经暴露出明显的弊端,如司法歧视与算法黑箱等。从二者之间的关系来看,通过对人工智能技术本身进行改造与优化,能让人工智能技术在司法领域内更好地发挥技术的价值。但笔者并非技术人员,无法从技术的视角提出对算法的优化方案。故而,本书将就人工智能与司法实践融合的角度,阐明人工智能技术中立的立场与思考。

人工智能技术本身就是中立的,这一点不可否认。然而,这种中立性在具体的司法实践过程中常常会出现偏差。不论是算法程序的设定者,还是具体应用司法人工智能系统的法官,其在算法的创设或者使用过程中都有意或无意地嵌入了自身的偏见。毕竟,人类处于社会这一固定的生活圈层之中,每天都会接收到来自网络或其他来源的各种社会新闻与信息,某一种特定的偏好或倾向性一旦嵌入技术,便会产生少数意见向多数意见转化的情景。实际上,相似问题在人工智能技术尚未进入司法领域时就已显现。在20世纪80年代,美国的立法者发现,在刑事司法量刑过程之中,存在着明显的量刑歧视,比如同等条件下少数族裔的刑期普遍偏重。最初,立法者认为,这一问题产生之根源在于缺乏普遍使用的量刑标准做参照。[1]因此,美国于1984年成立"量刑委员会"以消除司法歧视,追求量刑结果的相似性。随后,美国量刑委员会还试图制定一揽子"长达600多页"的量刑指导标准,通过"对量刑进行公式化"消除司法歧视。虽说这一指导标准不具有强制性的法律效力,但在司法实践中多以此作为量刑参考。然而,即便是如此详细的"公式化"量刑指导标准的适用,也无法有效根治美国量刑实践

---

[1] Kate Stith and Steve Y. Koh, "The Politics of Sentencing Reform: The Legislative History of the Federal Sentencing Guidelines", WAKE FOREST L. REV. 1993 (28).

中的"歧视性"问题。[1]因此，公式化量刑削弱了法官的裁量空间，使个案的特殊因素无法在量刑的时候被准确估量，这进一步加深了原本的歧视性循环。可以看出，在矫正人工智能歧视的过程中，不能采取"等者等之"的形式立场。[2]

因此，在对智能化司法进行责任伦理建构时，应当从"实质平等"的视角，以"中立的程式设计"来看待技术设计中的"歧视性因素"，以"中立的视角"来看待技术与司法实践的互动互融过程，通过"个性化"而非"标准化"参数。为了防止司法人工智能系统的"技术越界"，应当做到以下几点：第一，坚持以司法为本位的立场不动摇，明确司法主体地位动摇的伦理边界，合理看待"人"在司法智能化过程中的地位与作用，通过伦理手段对人工智能技术进行规制，以防止技术越位。第二，对人工智能技术应用于司法实践的过程进行"谨慎思考"，理性看待"技术中立"。对人工智能技术的现实发展有清晰的认知，立足于人工智能技术发展的阶段进行科学性构建，基于人工智能技术应用具体流程中各参与主体的实际作用，搭建司法人工智能的责任体系。

二、主体性框架（原则）：明确主体地位动摇边界

有学者曾指出："技术伦理问题一般是在技术发展的一定阶段提出的，其提出方式与特定时期技术与社会的关系密切相关。"[3]这是一种作用与反作用的关系。技术哲学的奠基人汉

---

[1] Anupam Chander, "The Racist Algorithm?", MICH. L. REV. 2017 (115).

[2] 刘妍：《人工智能的司法应用及其挑战》，载《河南财经政法大学学报》2022年第4期，第143~145页。

[3] 朱葆伟：《关于技术伦理学的几个问题》，载《东北大学学报（社会科学版）》2008年第4期，第284页。

斯·尤纳斯曾明确提出,技术时代的责任命令为"技术的发展不能对人类后代人的生存造成影响与威胁"。[1]因此,技术应用时首先应当考虑、尊重的便是人的主体性。其次,公众的认识与接受程度是技术能否适用的关键。在适用技术进入某一特定领域时,相关人员与相关组织对技术的实践转化应当具有充分的审慎义务,充分考虑技术对人的权利影响与制约力度,不得对技术的劣势抱有侥幸心态。当下,面对人工智能等新兴技术的发展,最重要的不仅是关注技术作用于人这一过程,而是应通过"人"对技术作用于司法的具体实践进行系统设计与框架性思考。合理看待人工智能技术发展的伦理风险,然后通过"点—面""局部—整体"的方式,系统制定技术应用于实践的可能路径,从而把控技术风险、厘清权责内容、促进技术向善。

具体到司法实践领域,人工智能技术虽然在司法领域发挥重要功效,但其也引起了"机器"对"法官"司法主体地位的挑战,这对法官的主体地位产生了侵蚀作用。人类的独一无二之处在于"我们制造工具,而工具让我们走得更远"。[2]相较于前两次技术革命,现在的人工智能技术与人类不是简单的人机关系,而是一种灌输了人类智识的人与机器之间的关系。人工智能的技术发展改变了社会的整体态势,也改变了传统的司法活动与行为方式。人工智能技术的应用对以人为主体的司法责任伦理造成了严峻挑战,技术平台成了司法决策者责任分化的理想对象。[3]智能化司法的裁判主体是法官,人工智能背景

---

[1] [德] C. 胡比希:《技术伦理需要机制化》,王国豫译,载《世界哲学》2005年第4期,第78页。

[2] [美] 雷·库兹韦尔:《人工智能的未来——揭示人类思维的奥秘》,盛杨燕译,浙江人民出版社2016年版,第270页。

[3] 曹重阳、叶晓川:《智慧司法生态设计下司法责任伦理的检视与重塑》,载《太原理工大学学报(社会科学版)》2023年第4期,第86页。

下传统裁判模式由法官裁判转化为人机混合模式下的司法裁判模式。在这一过程中，机器作为一种"辅助作用的工具"对司法裁判过程产生实质影响。但也需要看到，完全意义上的机器裁判在技术层面或司法层面都是不可行的。具体来说：一是目前人工智能技术尚处于初期阶段，独立"裁判""预测"的技术水平在短期内无法突破。二是司法的公正性与专业性是人类法官的独享能力，技术引入司法领域也同样产生了新的"算法黑箱""司法歧视"问题，这本身就是技术对正当程序标准的冲击与挑战。三是人工智能技术进入司法裁判领域，为法官的工作带来了便捷，对提高司法效率具有明显的积极影响，但人工智能技术并不能取代法官，也无法满足我们对可解释性与公平性的期望。

因此，应当为技术的发展设置明确的伦理边界。具体来说，应当明确人工智能技术渗透于司法领域下，对司法主体地位影响的伦理限度。一是在技术方面明确目前人工智能技术的发展处于初期阶段，由于裁判或预测工作对技术的发展要求更高且难以突破，所以对人工智能技术的司法运用应当谨慎考虑。二是在制度层面应当立足于目前的司法实践需要，优先进行智能化司法的理论优化，促进面向人工智能的司法领域相关制度的建立健全，为人工智能技术在司法领域的发展保驾护航。具体来说：一是应当厘清权力的边界，明确影响司法主体地位的伦理限度，智能化裁判的主体是"人"，智能化司法的结果也应当由"人"来承担。二是厘清司法人工智能的部署、设计、运行等全流程技术的责任分配问题，对技术人员施加必要的算法解释义务，以解决算法的黑箱问题。三是从司法数据的收集、标记、分类、处理等全流程厘清相关的责任类型，优化数据的监管，通过制度设计规范程序流程，解决人工智能技术赋能于司法过程带来的"歧视问题"。

三、多重控制框架（原则）：防止技术越位

（一）法律控制原则

由于司法人工智能的设计不可避免地融入了设计者的主观意图、价值判断等相关内容，因此应通过法律的程序设计与制度构建对算法设计过程予以监督与管理，避免人工智能在司法应用过程之中，因权责不清而产生体制性障碍。将司法的价值融入司法人工智能系统，不断规制算法与驯服算法，将算法权力视为人工智能时代的社会组成部分予以驯化和调整。[1]在这个过程之中，应当坚持以人为本的价值观。对数据的财产与自然属性进行合理区分。适用不同的原则以照顾少数群体的利益，允许其退出，坚持算法的法律化同法律的算法化进行"互动式融合"。需要指出的是，在这一过程之中，算法的规制具有法定的强制力，是科学伦理规制的重要补充。

智能化司法的伦理研究是做好人工智能司法的前奏，更是为司法人工智能的实践运用奠定根基，铺平未来智能化司法的发展之路。首先，在法律层面应当明晰权责，通过立法的方式进行规范化设置，厘清权责不明所产生的体制性障碍，这是智能化司法的责任伦理下，防止"技术越位于司法"的应然之举。其次，在法律规制层面通过立法手段，厘清人工智能背景下智能化司法责任主体的具体构成。一旦智能化司法的输出结果出现错误导致司法错误，进行追究的首要责任主体便是法院与相关司法人员，法院作为进行智能化司法部署的主体方，应当承担系统部署的责任，而一线办案人员应当在裁判过程中坚守"司法主体"地位，不能"卸责于技术"，作为司法人工智能系

---

[1] 何明升：《中国网络治理的定位及现实路径》，载《中国社会科学》2016年第7期，第112~119页。

统的使用方,应当承担其"操作不当"产生的责任。通过法律的形式明确人工智能的辅助性地位,明确机器责任的具体承担主体是技术人员,厘清技术责任的具体追责方式。最后,通过对司法责任进行法律层面的制度化构建,实现对司法领域人工智能技术实行"责任为主线"下的道德控制,明晰人工智能发展的限度,勘定人工智能渗透进司法领域的边界。

(二) 技术控制原则

从人工智能的算法技术层面来说,应当将算法评估的考量融入算法设计与运行的全环节。具体来说,对算法的控制可以分为"预防性控制"与"结果性控制",前者重在对算法前端进行规制、审查、评估,建立数据的收集与退出机制。而后者则主要是对算法歧视、算法偏见所产生的不利后果,以结果倒追责任,追究算法设计者或者使用者的相关责任。

第一,预防性责任控制。预防性控制主要落脚于司法人工智能的孕育阶段与具体运行阶段的责任控制。总体来说,预防性控制作为算法孕育阶段与具体实施阶段进行的夹断控制,能够有效地防止算法的歧视与算法黑箱的不利后果,其落脚点在于算法决策程序的前端。主要包含这两部分内容:司法数据的收集与退出机制及算法的审查与评估。首先,从司法数据的角度来看,司法数据的收集是人工智能开发的基础端口,应当从源头进行司法人工智能安全的责任把控。具体来说,应当通过司法机关内部的数据共享机制,厘定数据安全的相关责任,进行数据收集的质量把控,理清数据收集相关责任。在此过程之中,也需要重视诉讼参与人及相关人的数据权益保护,建立一定的数据退出机制。[1]其次,从算法的审查评估角度来看,应

---

[1] 比如,对未成年犯罪主体进行诉讼权益的特殊保障,讨论未成年涉案人被遗忘权利的保护规定。

当强调算法的孕育与设计阶段得到多方面的制约和监督。毕竟，算法的公正性不仅取决于数据，也取决于算法自身。[1]因此，需要从司法人工智能的系统部署、算法设计、算法评估等多个过程进行责任监管，使司法人工智能尽可能避免（或者可以说是大幅度地减少）算法孕育相关主体的"算法偏见"与"算法歧视"，使司法人工智能通过可控的部署、设计、审查评估，以得到法学界、当事人、公众的认可与信任。

第二，结果性责任控制。结果性控制，通常指的是司法人工智能的决策存在算法歧视，且这种算法歧视对相关诉讼主体造成了一定的不利后果，侵犯了其合法的诉讼利益。此时，应当对相关诉讼主体进行必要的救济，如允许当事人提出异议、进行上诉或提起审判监督程序，从而对正在进行的歧视问题或者其他不公正问题进行及时的矫正，防止技术的适用侵犯当事人的权利边界。因此，智能化司法的责任伦理也要求畅通权利的救济渠道，通过一定的制度设计，当人工智能技术的应用侵犯相关主体的诉讼权益，造成算法歧视、引发司法不公之时，相关权利主体可以通过向法院提起诉讼等各种方式，要求算法设计者（技术人员）、系统部署者、一线办案人员，进行必要的算法解释，或者通过一定的方式优化设计、更改司法决策，或者承担由此造成的损失等相应的体制机制。如美国法院通过《民权法案》与相关条款构建了诉讼过程中的两种权利救济模式：一是不同待遇审查模式；二是差异性审查模式。[2]这或许可以为我国人工智能的司法应用提供些许借鉴。

---

〔1〕 郑智航、徐绍曦：《大数据时代算法歧视的法律规制与司法审查——以美国法律实践为例》，载《比较法研究》2019 年第 4 期。

〔2〕 See Pauline T. Kim, "Data‑Driven Discrimination at Work", Wm. &. Mary L. Rev., 2017 (58), pp. 902~903.

（三）伦理与道德控制原则

目前，几乎所有国家的法律规范体系均没有办法有效覆盖对人工智能技术的规制控制，法律规范领域是一个"空白地带"，因此出台控制人工智能技术发展的法律规范，是在"强硬的层面上"有效防止人工智能技术伦理风险的应然之举，只有这样才能够防止司法的主体属性被消解、技术的越位、架空相关主体诉讼权利的伦理风险，这无可争议。

然而，当下人工智能技术的司法发展处于创新发展的重要阶段，一味地强调法律规制，难免有些"因噎废食"。一方面，法律规范的发展难以有效适应人工智能技术当前的发展需要，一项法律规范的设计需要经历提出草案、论证、调整、修改等漫长的过程，单纯强调法律规范可能会扼住司法智能化发展的"技术咽喉"，与我国目前"案多人少""司法人员不足"的司法实践相背离。另一方面，道德作为一种"软性控制"，其本身具有较大的弹性，是一种对于风险的评价能力，其虽然并不具备强制性的法律约束力，但是"伦理控制"能为司法实践提供一种技术适用的参考性准则，弥补法律规范的不足。也即，虽然没有法律的明文规定，但是数据处理人员、科技公司以及算法设计与调试技术人员都有相同的"行为标准与评判标准"。这种行为标准划定了司法人工智能应用过程中的责任类型及责任范围，是一种原则性的指引与参考。

近年来，对人工智能技术伦理规制话题的探讨热度不减，当前已经有超过83个与人工智能技术相关的伦理规则产生，[1]这些伦理规则都包含了诸如"尊重权利""造福人类""技术设计与使用者应当追责""建立技术使用的最小化风险""建构可追

---

[1] 刘妍：《人工智能的司法应用及其挑战》，载《河南财经政法大学学报》2022年第4期，第143页。

责的法律框架"等相同的道德追求与伦理参考。可以说，这些伦理规则是"人工智能技术"的道德要求标准，不论是在司法领域还是在其他领域，这种道德要求的标准都是共通的。毕竟，相较于法律规范的"僵硬性"特征，伦理规范的"道德控制"模式具有明显的灵活性与机动性，其在智能化司法的责任规制中具有更大的弹性空间。一方面，理论规范在司法人工智能的孕育、设计与运行过程中，针对系统部署者、技术设计者、算法使用者等多个智能化司法的责任主体进行"法律责任"与"道德责任"之双重控制。另一方面，在技术本身的设计层面，技术人员与系统部署者在进行司法人工智能的算法设计过程中，除了考虑法律的强制性规范外，也要将"伦理"的道德责任控制嵌入进技术设计的全流程，在数据的收集、算法的设计与审查等环节参考责任伦理的相关"软性标准"，以道德的灵活性与公正性化解人工智能技术应用过程中所产生的各种伦理风险。因此，伦理与道德控制是对法律控制与技术控制的有益补充，是智能化司法责任伦理的重要内容，不可偏废。

第五章
面向智能化司法的责任范式

依据库恩的表述,"范式一般指某些'受到公认'的科学成就,其在一定时间内为实践提供典型的问题及解答"。[1]范式事关我们进行学术研究的基本理论、基本方法与基本标准,能够揭示事物的内在属性与本质,是对现象的内在逻辑的提炼和对基本规律的概括。[2]不同的法律范式代表不一样的法律立场、观点与方法。"司法责任范式"也非固定意义上的一个名词,体现的是一种受相关主体默认的司法逻辑与价值取向。在智能化司法建设的背景下,责任在智能化发展的不同历史情境中具有不同意义,对智能化的司法责任问题产生司法逻辑与价值取向的指引,是一种宏观意义上的原理与原则。

本章立足于人工智能与司法相结合的具体实践,致力于智能化司法背景下的责任范式相关问题,对司法理念与司法实践中责任范式的转型与重塑进行系统梳理,围绕技术赋能于司法的责任转型展开规范制度层面的探讨,贯穿于智能化司法的全过程领域,是传统意义上的司法责任层面的衍生及发展。在此基础上,人工智能背景下的司法责任范式具有独特性:①牵涉主体具有多方面性,如法官、法院、技术人员、科技公司等;②牵涉流程也具

---

[1] [美]托马斯·库恩:《科学革命的结构》,金吾伦、胡新和译,北京大学出版社2003年版,第4页。

[2] 帅弈男:《智慧社会的司法范式转型》,华东政法大学2020年博士学位论文,第18~22页。

有广泛性，从智能系统的部署、开发、设计、运行等多主体进行全流程的责任控制；③责任的内容也具有多方位性，如数据质量、裁判质量、监管责任等。从整体来说，笔者对智能化司法下的司法责任范式的定义应当为"全流程""全方位""多领域"的智能化司法责任发展范式，其不仅仅局限于传统司法责任的一城一隅，而是包含但不仅限于"司法责任"在内的，指涉人工智能+司法发展，尤其是智能化司法裁判下的一种司法逻辑与价值取向的重塑与转型。因此，责任范式作为控制"技术增强人类""辅助人类"的一把钥匙，是引领智能化司法朝着科技与司法"互动式融合"角度下的，"以司法为主体""以技术为主导"的、互动互融的新型司法责任范式格局。

第一节 面向人工智能的司法责任观

人工智能技术在给司法责任带来"赋能"的同时，也带来了司法责任的新变革，如责任主体的多元化、责任内容的复合性、追责制度的混同性。人工智能技术进入司法裁判领域，在形成科技与法律互动的司法秩序的同时，正在冲击传统的司法责任认定规则，改变传统的司法责任承担模式。在这一变革中，我们首先要做到的是，树立一种面向人工智能的司法责任观，以这种司法责任观为基石，推动面向人工智能的司法责任范式转型与优化，实现人工智能在司法领域的良性运转。

一、理性看待人工智能推进司法正义的效果

在推动司法正义的进程中，人工智能技术的引入无疑为司法实践带来了新的可能性，但同时也带来了新的挑战。一方面，智能化司法能够提高司法效率，减少人为错误，确保法律的统

一适用；另一方面，技术的局限性可能导致司法决策的不透明和不公正。当前，人工智能技术水平面临一定的"瓶颈"，应该以理性的视角看待智能化手段推送类案类判、以数据化管理推进司法正义、统一量刑尺度效果等智能化司法应用。必须在尊重技术优势的同时，警惕技术可能带来的风险。在传统司法实践中，法官常常被要求亲历司法案件的审理过程，直接听取诉讼当事人的相关陈述与意见，从诉讼两造的争端中判断真假、是非曲直。[1] 司法人工智能系统的类案推送与偏离预警系统，能够有效地监督审判权力的行使，但是人工智能的应用也有局限性，比如"算法黑箱""算法歧视""机械裁判"等问题，人工智能技术应用于司法实践，本身也是对传统司法实践的冲击及挑战。因此，应当坚持"谨慎与中立"的立场，理性看待人工智能技术在司法领域的适用情况，合理勘定技术适用于司法的边界，加强对智能化司法相关主体的责任监管，使人工智能朝着良善的方向运转。司法机关应当建立相应的机制，确保技术应用的合法性和合理性，同时需要对司法人员进行技术培训，提升对智能化司法应用的理解和运用能力。此外，公众的参与和监督也是不可或缺的，通过公开透明的司法程序，让公众能够了解和监督智能化司法的运作，从而增强司法的公信力和权威性。最终，通过科技与法律的良性互动，实现司法正义的现代化转型，确保司法公正不仅在理论上，而且在实践中得到实现。

二、以增强公众的司法信任为导向

人工智能的本质在于对算法和数据的处理，人工智能不必

---

[1] 朱孝清：《司法的亲历性》，载《中外法学》2015年第4期，第919页。

然是物理形态,"机器人"形态的人工智能也是算法主导的硬件系统,这是人工智能和人类的显著区别。考虑到人工智能技术在智能化司法实践中的有效性,能否获取公众的司法信任直接决定了智能系统的被接受程度。"从某种意义上讲,人工智能时代充分把握司法实践发展机遇与有效应对现实挑战的关键都在人类自身。"[1]在人工智能技术的发展过程中,需要结合智能化司法中司法信任的新样态与新形势,秉持开放共享之司法信任的理念。当前,我国正在大力推进数字法院的建设,这种数字法院的建设是以司法公信力为目标的,其目的是实现公正、提升司法公信力,大数据的优势在于信息的共享与系统整合。"司法数据的开放共享,能有效推进智慧司法体系构建,提升司法公信力,倒逼司法监督机制的形成。"[2]因此,智能化司法要求通过制度的设计来增强公众对司法的信任,重塑公众的司法信心。毕竟,在人工智能时代冲击传统裁判模式这一变革浪潮中,人工智能技术以"或多或少"的程度参与到司法的过程中。虽然人工智能技术仅仅起裁判辅助的作用,但司法裁判事关当事人的"财产""自由"权利,将对这部分重要权利的裁决权交给机器,往往难为公众所接受。构建人工智能时代的司法责任观,要从公众的司法信任处着手,提升公众对智能化司法裁判的可接受程度。

具体来说:第一,要坚持一种"开放且共享"的司法信任理念,实现司法系统内部与外部的信息共通,进一步实现司法向社会多主体共享,推动发展司法大数据的人工智能生态系统。

---

[1] 高鲁嘉:《人工智能时代我国司法智慧化的机遇、挑战及发展路径》,载《山东大学学报(哲学社会科学版)》2019年第3期,第122页。

[2] 王燃、徐笑菁、龚向柏:《智慧法治背景下司法数据开放共享研究》,载《人民法治》2018年第6期,第18页。

第二，构建以数字正义为核心的司法信任路径，通过数字化的手段与方式提供多元化解决路径，如在线矛盾纠纷多元化化解平台，[1]降低司法成本。在传统的司法时代，程序正义是实现公众司法信任的必经之路；人工智能背景下的智能化司法活动将会是这一时代所面临的主要议题。这些"数字化纠纷"对司法机构提出了下列挑战：①如何让纠纷解决更透明？②如何使正义的实现更加完善？③如何使正义的实现更迅速？对此，智能化司法提供了一种解决方案，即通过司法与技术的结合，凭借数字技术与数字逻辑，让人们在个案中以可视化的方式体验公平正义，[2]这对于增强公众的司法信任而言具有重要意义。

三、促进人机交互协同的司法责任观重塑

面向人工智能的司法责任观之构建，需要处理好人与机器的关系以及人类智能与人工智能间的关系。

第一，在人与机器的关系上，需要坚持"以人为本、增强人类"的人工智能法律规制的原则。作为一种价值裁判，法官的裁判过程也需要同时兼顾下列内容：一是需要坚持社会效果与法律效果相统一；二是符合当时当下的时代价值观，符合主流社会大众的道德体系要求，甚至通过法院的判决引领社会价值观的走向，如"电梯劝阻吸烟案"、[3]"于欢辱母杀人案"[4]

---

[1] 在线矛盾多元化化解平台，简称ODR，包含在线调解、在线仲裁、在线和解、在线审判等措施。

[2] 马长山：《数字社会的治理逻辑及其法治化展开》，载《法律科学（西北政法大学学报）》2020年第5期，第9页。

[3] 《5·2郑州电梯劝烟猝死案》，载百度百科：https://baike.baidu.com/item/5·2郑州电梯劝烟猝死案/22355431，2022年9月26日访问。

[4] 《414辱母杀人案》，载搜狗百科：https://baike.sogou.com/m/v164213813.htm?g_ut=3，2022年9月26日访问。

等。但是，人工智能技术目前已经具有了深度学习的能力，司法人工智能系统可以通过类案比对准确推送、预测案件的处理结果。正如我们在第四章所提到的那样，智能化司法裁判是一种人与机器的混合裁判模式，结合"智能化司法"的准确定义，智能化司法裁判并非简单的裁量情节相加，也不是简单的机械裁判。毕竟，在司法实践中，法官对单一案件的处理，一般需要结合案件的具体情况，综合价值观导向等社会因素与政治因素进行裁量，但人工智能裁判既难以兼顾个案正义，也难以对社会因素等隐性司法裁量因素进行精确把控，故而无法实现个案判决的社会功能。因此，在人与机器的关系上，机器不论是以哪种方式来承担责任，责任的承担主体最终都是人类，人类在司法裁判领域具有无可比拟的优越性，机器对司法决策领域是且只能是辅助影响。

第二，"人类智能"与"人工智能"的关系：人工智能应当"增强人类"而非"代替人类"。人工智能时代司法数据的客观性保障，最为根本的是开发与利用智能化的人的自律与自信。[1] 智能化司法的大数据分析过程本质上是对既有经验、过去经验的一种分析与拟合，其遵循的是一种"接近正义"的司法面向。具体到个案的处理过程，由于每个案件的具体案情都不尽相同，因此存在偏差是不可避免的。也正是由于智能化司法裁判是"对过去的历史经验"的分析与处理，其赖以喂养算法的"养料"是"历史性的司法数据"，人工智能没有办法充分预测社会发展的未来走向与司法需求。因此，不论是从技术层面，还是从司法实践层面来看，人工智能完全替代法官裁判，是不可能的。人工智能背景下司法是可以无限接近"智能"的"智能

---

[1] 汤维建：《"智慧法院"让司法更公正、更高效》，载《人民论坛》2017年第4期，第90页。

化"过程，司法本位的方向不可撼动。因此，"人工智能法律系统应该坚持'人—机系统'结合的方案",[1]司法领域人工智能的定位是"是且只能是"辅助性地位，不论这种辅助性比率有多高，都不能完全替代人类法官而进行独立决策。

第二节　智能化司法的责任类型界分

对于人工智能来说，其赖以运行的核心有二：一为数据；二为算法。构建面向人工智能的司法责任框架，解决智能化司法的技术责任问题是其重要内容。而对于人工智能技术而言，其可能产生技术安全的隐患有二："数据"与"算法"的准确与公正能够直接决定人工智能系统输出结果的准确性与公正性。

一、司法数据的监管责任

在人工智能背景下，我国当前司法实践面临的数据问题主要有二：一是数据的来源问题；二是数据的安全问题。

（一）数据的应用过程

大数据时代的显著特征表现在：一是标志着人类已经进入数据记录的全景时代，数据量的暴增是其典型特征。二是作为大数据的核心技术，大数据分析蕴藏着巨大价值。大数据技术是大数据的生命所在。从应用流程来看，主要包括数据的获取、数据的分析以及数据的应用三个阶段。

---

[1] 张保生：《人工智能法律系统：两个难题和一个悖论》，载《上海师范大学学报（哲学社会科学版）》2018年第6期，第25页。

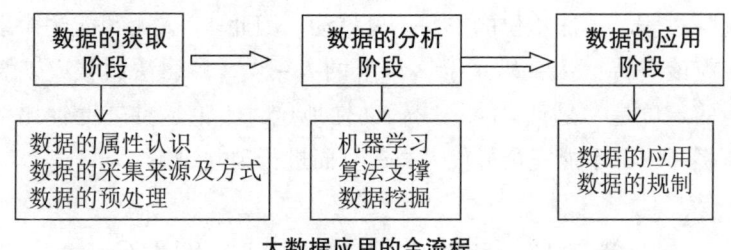

```
┌──────────┐    ┌──────────┐    ┌──────────┐
│ 数据的获取 │ ⟹  │ 数据的分析 │ ⟹  │ 数据的应用 │
│   阶段   │    │   阶段   │    │   阶段   │
└──────────┘    └──────────┘    └──────────┘
┌──────────────┐  ┌──────────┐  ┌──────────┐
│数据的属性认识  │  │ 机器学习 │  │ 数据的应用│
│数据的采集来源及方式│ │ 算法支撑 │  │ 数据的规制│
│数据的预处理    │  │ 数据挖掘 │  │          │
└──────────────┘  └──────────┘  └──────────┘
```

大数据应用的全流程

1. 第一个阶段：数据的获取

数据的获取主要是通过各种方法对数据进行规模性收集与整理，是进行大数据分析与应用的首要环节，也是大数据技术应用的基础。①关于数据的基本属性，通说认为，数据（Data）是对客观世界的状态、过程或结果的客观记录，从而形成的一系列可供鉴别的数值、字符、文字、图形等符号，这些客观记录的符号经过数字化转化后可以成为数据，且可被计算机进行存储和处理。[1]②数据的来源，按照数据存在的边界范围划分，可分为内部数据和外部数据，如果按数据的时效性划分，可分为历史数据与流数据，在大数据时代，流数据则是重要的数据应用类型，因为其具有更强的时效性、多样化和快捷化等特征，历史数据也因其精确性、结构化等特点而具有重要的价值。③数据的采集是指，将外部系统或设备产生的数据进行的实时或非实时的汇总整合，并将汇集的数据导入内部系统的过程，大数据采集是对传统小数据时代采集方法的继承与创新。[2]大数据采集

---

〔1〕 汤羽等编著：《大数据分析与计算》，清华大学出版社2018年版，第3~4页。

〔2〕 从传统数据采集与大数据采集的特点来看，两者的区别主要表现在：在数据源层面，传统的数据采集来源单一、数据量相对较少，而大数据采集来源广泛、数据量巨大；在数据类型层面，传统的数据采集结构比较单一，而大数据采集类型丰富多样，包括了结构化数据、半结构化数据以及非结构化数据；在数据的存储层面，传统的数据采集一般都是采用关系型数据库和并行数据仓库，而大数据采集一般是采用分布式数据库和分布式文件系统。

第五章 面向智能化司法的责任范式

具有全面性、多维性、及时性和高效性等特点。④数据的预处理主要是指，为了提高数据管理、分析与应用的效率和准确性，针对格式多样、类型复杂、数据质量差异较大的各类大数据进行的预先处理，涵盖数据的清洗[1]、数据的集成[2]、数据的转换[3]、数据的归约[4]等内容。⑤大数据的存储与管理是指将采集到的数据通过科学的方法进行组织处理，并按照一定的规则将其保存在某一空间进行规范化的管理，其核心要义是"实现数据的分类组织、编码、存储、检索和维护"。

2. 第二个阶段：数据的分析

对数据的分析与挖掘是大数据应用的核心内容，是通过不同的技术手段使数据产生价值的过程。通过大数据分析技术，能挖掘出适合行业领域应用的有价值信息，从而实现从"数据"到"信息"再到"应用"的转换升级。相对于传统数据分析而言，它具有预测性的突出优势（如下表所示）。

---

[1] 数据的清洗（Data Cleaning），是指在采集到的数据中对无效或缺项的数据以及与分析目标无关的数据进行清除和加工，一般主要包括遗漏值的处理、离群值的发现、数据不一致性的纠正等操作。

[2] 数据的集成（Data Integration），是指将来自多个数据源的数据集中在一起，并对来自不同数据源的数据可能因属性定义或单位定义的差异、不一致等情况进行重新检查，并将相同的数据放在一起，去掉重复或不相关的数据，从而提升数据的精确度以及便于分析人员的后续操作。

[3] 数据的转换（Data Transformation），是指将采集到的数据转换为适合数据分析目标或数据挖掘的统一格式。

[4] 数据的归约（Data Reduce），主要是为了提升数据的质量、缩短数据挖掘的时间、简约数据处理的规则或降低数据存储的成本，在尽量保持数据原貌的基础上通过降低数据的冗余或降低数据的维度，而对数据集合中的一些重复的、无关的、存在偏差的数据进行过滤，选取并建立符合目标需要的数据集合。

传统数据分析与大数据分析比对

比较项	传统数据分析	大数据分析
分析的侧重点	描述性分析、诊断性分析	预测性分析
数据的特点	有限的、精确的数据集；简单的数据模型	大规模的数据集合；类型多样的原始数据集；复杂的数据模型
分析结果	分析事件及其原因	新的知识和规律的发现

一般认为，广义的大数据分析、狭义的数据分析与数据挖掘都是从数据中发现有价值、有意义的信息和规律，但两者之间也存在区别（如上表所示）。前者主要是从已有的历史数据中发现有价值的信息，而后者则主要是利用人工智能、机器学习等方法在海量数据中发现"知识规则"，对未来做出某些可能性的预测。在大数据分析的技术体系中，算法是大数据分析的工具，机器学习是大数据分析的基础，数据挖掘是大数据分析的核心。大数据的分析技术既离不开传统小数据阶段的数据记录、数据查询、数据检索等低阶性的数据分析与应用，也包括机器学习、聚类分析、关联分析、分类分析等数据挖掘的高阶性算法数据分析及应用，它具有技术应用的多层次性。

3. 第三个阶段：数据的应用

大数据的应用主要包括数据的可视化与理解、数据的技术应用与规制等内容。数据的可视化是数据理解的关键技术，它将复杂多样的数据转化成为丰富生动的视觉效果，不仅有助于人们理解数据、简化分析过程，也能提高分析数据的效率。因此，数据可视化在整个大数据分析应用中具有重要的价值和功能。主要表现在：一是有助于用户更加便捷地理解数据，依靠数据可视化手段，以复杂数据简单化的方式体现，让数据更通俗易懂。二是有助于用户更加直接地观测、跟踪数据，深入了解各种数据参数的动态发展变化过程。三是利用可视化技术能实时呈现分析结果,引导用户参与分析过程。

大数据的应用是基于大数据的采集存储、分析与处理之后而提供给用户用以解决具体问题的一套技术方案。根据不同的计算平台和软件架构。其概括性功能主要包括:一是在数据的计算处理方面;二是在数据的理解与决策方面,既能够支持批量的数据查询和数据分析,又能够支持文本的搜索和索引,以及搜索查询之后的数据可视化显示;三是在数据的决策服务方面,通过数据之间的关联关系,对历史数据的未来规律进行预测;四是在数据的应用领域方面,大数据已经被广泛应用于社会管理、犯罪侦防以及医疗卫生、教育科研等全领域。

(二)建立司法数据全流程责任监管体系

就我国目前的司法现状而言,司法数据主要存在两方面问题:一为"质";二为"量"。通说认为,数据(Data)是对客观世界的状态、过程或结果的客观记录,从而形成的一系列可供鉴别的数值、字符、文字、图形等符号,这些数字体现的是未经过处理的原始记录。[1]传统司法实践中,在整个办案的流程中需要留存必要的案件办理的痕迹信息,这种痕迹信息一般是以"司法文书"的形式进行整理与保存的。这种专用的司法文书,主要是指司法机关在处理各个案件流程过程中得以形成的专用文书,其形式与种类繁多,如自首书、询问笔录、逮捕证、调解书、起诉状、判决书等等。伴随着科技的发展,司法信息逐渐由"书面"转移到"电脑",实现了司法文书的数据化改造。在此之后,司法信息化下的大数据分析技术也获得了迅猛发展,逐渐实现了对数据的规模化收集与整理。

在司法实践中,司法数据导致智能化司法系统出现故障的

---

[1] 汤羽等编著:《大数据分析与计算》,清华大学出版社2018年版,第3~4页。

原因主要有：第一，从数据的采集来源来看，当前司法实践中，对于已经形成的纸质版案件的卷宗以及司法文书的信息的数据化改造，主要体现在对相关文书的复制扫描上。由于技术的原因，在自动扫描过程中存在着诸多问题，如需要进行人工操作或者是人工监督，因此系统对扫描数据的识别成功率较低。第二，从数据的采集方式来看，当前对司法数据的处理方式主要体现在简单的复制或扫描出来的半结构化数据，在复制或者扫描过程中将"书面"的司法信息进行电子化处理。而在这一过程中，人工智能介入阶段后置，这在很大程度上增加了数据处理的司法成本，降低了数据转化的效率与准确程度。第三，从司法数据的预处理来看，司法数据的预处理主要针对的是对司法数据的存储与管理。正如前述提到的，数据的预处理主要是针对差异较大的数据，进行数据清洗与数据集成、数据转换、数据的归纳等内容。

第一，司法数据的收集责任。人工智能系统的训练与迭代更新，需要靠"数据"来喂养，故而司法数据是智能化司法中司法人工智能系统得以输出准确结果的基础与前提。①从数据质量角度出发，人工智能系统的输出质量依赖于司法数据的"质"与"量"：一是要求司法数据能够尽可能反映案件的真实情况，具有代表性。二是要求司法数据具有"海量性"，司法数据的数量足够满足人工智能算法的"训练要求"。以上都是对司法数据收集阶段的要求。②从收集数据的主体人员出发，司法数据的收集主体主要有二：一是司法相关人员将刑事诉讼各个阶段的"书面信息"进行痕迹化保存。二是技术人员通过技术手段将"书面"的司法信息进行标注，借以进行代码化，转变为计算机可以理解的语言。三是在实现司法数据转化之前，由于法律与技术的割裂性，需要由法院系统组织内部人员与技术人员进行沟通(以下简称"数据转化中间人")。

第二,司法数据处理责任。具体在司法实践场域,司法数据处理责任的主体主要有:一是司法信息的转化是法院内部的数据转化中间人根据实践情况,从司法的角度设置一定的司法信息分类标准,以方便司法人工智能系统的技术人员对司法数据进行预处理,实现"司法与数据"管理相融合下数据的分类组织、编码、存储、检索及维护。这种司法信息的分类标准可能是某一具体罪名的证据链条,某一刑事罪名的分类结构等等。这一过程要求司法机关内部人员与技术人员进行充分的互动沟通。通过某种特定的分类标准,使相关技术人员通过一定的形式对转化之后的数据进行数据处理,根据自然语言处理技术进行特征提取,从"电子化"司法信息中提取出计算机系统可以识别的代码信息。二是科技公司进行数据处理时与法院系统进行对接沟通的人员。广义的大数据分析是指以机器学习的算法为核心和基础的,通过人工智能的技术手段或者相关工具从数据中挖掘有价值的信息,发现与认识规律,包括狭义的数据分析与数据挖掘。通过司法机关进行数据转化的中间人,需要准确理解从某一项特定的信息中如何切分语句,从语句里应当提取哪些"重要"且"有价值"信息,这些重要的信息如何进行"结构性整合",以发现与认识司法规律,最终达到通过算法以匹配相似案件,实现智能化司法裁判。在这一整个流程中,司法数据的预处理与大数据的存储与管理能够有效地提升数据分析与决策的高效性与准确性。

二、算法系统控制责任

智能化司法决策结果的准确性与安全性,如果说基础来源在于数据,那么对司法信息进行采集、预处理、分析存储之后,如果司法数据不出问题，那么责任的溯源将后置到算法层面。前者是从智能化系统的源头入手，后者是从智能化系统的运行过程进行考量。需要指出的是，这里的算法责任主要是从责任的类型角度而非责任的主体角度来论证的，本书后续会专门论述技术责任主体的相关人员，因此算法责任主要是从算法自身在司法领域运行的各阶段进行安全责任划分。需要注意区分的是，算法责任不同于算法的责任。简言之，算法责任是对算法本身的安全规制，而算法的责任，是算法进入相关的司法实践领域之后进行的责任规制。算法责任着眼于算法应用于司法实践的各个环节，从算法的评估、审查、检验等各个流程进行的责任划分，其目的在于通过不同阶段责任类型的厘定，将算法运行之危险控制在"相对安全"的范围内，从算法的设计之初、算法的运行之中、算法的优化、算法的终结（迭代或者退出），考量每个环节的风险指向，建立相关的责任规制体系。

（一）算法系统部署责任：系统部署与算法设计的论证

在智能化司法实践中，对智能化司法决策系统安全性的控制不能仅着眼于人工智能系统运行后，要着眼于算法系统部署前。毕竟，"如果算法设计者在设计时注入具有主观特色的歧视性因素，会对整个算法系统与算法公平产生质的影响"。[1]正是因为在司法人工智能设计的初始，算法的设计者可能通过一定的形式注入自己的主观因素。因此，系统部署时司法人员与算法设计者充分交流，充分进行算法论证、算法检验与算法评估。这是算法、人工智能在设计之初能够保持公正性、客观性的前提。需要指出的是，这种算法评估、审查与检验是对算法风险的事前防控，既是算法设计者的义务，也是司法机关在部署司

---

[1] 数据的质量与内容也会影响算法系统输出结果的公正性，由于该部分内容主要是对算法部分展开讨论，这里不再赘述。

第五章 面向智能化司法的责任范式

法人工智能系统时所必须履行的义务与责任。因此，需要在算法的设计与部署时，引入前置论证环节，进行充分的算法设计审查论证。具体来说：

（1）算法设计评估责任。技术人员通过算法的技术架构与运行逻辑审查，考察算法设计编写环节中的技术选择是否适当，不同算法路径选择、蕴含的设计理念以及设计方案是否符合相应的技术标准。在此过程中，评估责任主体主要有二。一是负责承担本次系统设计任务的技术公司与技术人员；二是受司法机关所委托的第三方公司的技术人员进行算法的设计与规范性审查。通过技术性的审查评估考量人工智能司法系统是否能够达到法院进行招投标时要求的具体需求，是否足以承担相应的司法实践任务。

（2）算法的预期调试责任。检测环节要由司法机关根据一定的程序与方案安排相关司法人员审查。具体来说，由司法机关的一线工作人员与技术人员进行充分商谈，以结果为导向，审查现有司法人工智能系统是否具有足够的能力去处理相应的司法任务，以及在系统运行过程中是否对道德、法律以及个人的权益方面造成减损或伤害。

（3）算法试运行检验责任。这一环节的评估与审查主要是由司法人员进行，从现行的司法实践出发，将已经设计完成的司法人工智能系统投入一种模拟全真性司法环境，考验其面对复杂司法实践、司法情境的任务处理能力。笔者认为，算法的检验环节应当由以下的主体进行：①算法设计者进行自我查验。查验内容主要有：一是自行审查科技公司自己的算法设计与整个流程是否妥当；二是所运用的设计路径以及技术方法是否能够符合司法部门的预期。②司法人员委托第三方评估机构。这种第三方评估机构应当具有司法与科技的双重素养。审查内容主要具有双重性：一是作为第三方中立部门，审查技术设计的技术标准；二是智能系统是否具有足够的能力去处理复杂的司法环境，对能否实现司法部门的算法部署提出专业性的建议意见。③司法机关实务工作者会同"科技+法律"领域的相关专家学者。[1]其对算法运行结果进行"合目的性""合理性""合法性"的审查。评估的内容主要有：一是科技公司的算法系统是否能够完成现行司法要求的目标与任务。二是人工智能的论证风险评估与风险预警。风险评估的主要目的在于发现并评估算法运行是否对当事人的诉讼权利、基本诉讼利益以及诉讼程序等产生超出必要限度的不利影响。毕竟，人工智能的运用应当保持一种"技术增强人类"的立场，将人工智能司法裁判对当事人诉讼利益、诉讼程序以及程序正义的损害安置在一定的可容忍范围之内，厘清人工智能技术在司法领域的应用边界。

（二）算法运行保障责任：算法的定期审查

与系统完成交付前的设计与论证潜质过程相比，在海量的信息得以运算、在人工智能系统广泛用于司法实践之后，算法深层次的缺陷以及问题会逐渐暴露。算法系统进行实际运行时，产生缺陷与问题的原因：一是错误数据的累积，二是算法实际运行的操作过程。①算法试运行阶段全真化模拟数据与实际司法过程数据不匹配或超出必要限度，人工智能技术解决的是基于纷繁复杂司法环境下案件的处理，而人工智能进行算法训练依赖的数据主要以历史数据、经验数据为主。但司法人工智能系统主要处理新的案件，面临的是新的环境，这本身就是对计算能力与判断能力的挑战。②算法在实际操作过程中的偶发情

---

[1] 这里的专家、学者并不承担算法责任的后果，仅仅是根据自身的专业与经验，提出对算法系统的论证意见，即享有发表意见的权利，但不承担相对应的技术责任与司法责任。

况可能影响人工智能系统输出结果的准确性。③当数据累积到一定程度后,基于深度学习下的人工智能系统容易在偏差数据的训练下积累形成反馈循环,当输出的错误结果持续性反馈给人工智能算法模型,这种偏见与歧视将进一步加深。因此,应当建立一定的程序设计与定期审查机制,以便于及时优化算法模型时,更新算法数据,保证司法人工智能系统朝着良善于司法实践的方向发展。具体来说:

第一,设立一定的程序性规范,以适应智能化司法人机结合的混合式决策模式。人工智能技术的发展冲击了传统意义上的司法责任认定规则与司法决策方式,在对司法进行赋能的同时,也在一定程度上重塑与消解传统的司法程序。因此,算法设计者将系统交付后,应当设置一定的隔离地带。这种隔离地带可容忍算法的设计者在一定范围与幅度之内对自身设计的人工智能司法系统进行技术性监测,以预防由技术原因导致的智能决策方向的偏移与算法风险。需要指出的是,这种必要的限度以算法设计者自身的技术手段或者技术范围为依托。具体来说:一是在算法设计之初,由司法人员同算法设计者设定固定时间进行算法模型的优化与审查;二是审查的范围与审查的方向为是否包含具有歧视性的司法效应与司法结果;三是在进行算法审查后,要设置一定的反馈程序与修改程序,当算法设计者发现存在问题时,不得擅自更改,必须征求司法机关的同意。

第二,司法人工智能系统的使用责任。人工智能司法系统进入裁判领域之后,其具体行使的主体是一线办案人员。首先,一线办案人员运用人工智能技术辅助司法裁判时,应当坚持"以司法为主体,以技术为辅助"的牢固认知,坚守人工智能运用于司法裁判的技术边界。人工智能系统的合理利用,其实质在于划分技术与司法的混合比例,以实现人机混合制的司法决策。在这一过程之中，应坚持司法案件有步骤地运用人工智能系统的方针与策略，区分案件类型，实现案件的分类管理以及按步骤管理。其次，针对司法人员使用司法人工智能系统的过程进行必要的行为规范，以确保人工智能系统的辅助地位而非决定地位。当司法人员违反这种规范时，需要承担相应的行为责任。需要特别指出的是，人工智能使用责任中包含了由人工智能系统导致的相关诉讼、权利人、诉讼权益以及诉讼权利减损的相关限制。司法人工智能系统的使用者应当具有合理的判断，当人工智能的系统运用具有侵入诉讼权利人合法权益边界的危险时，应当设定人工智能技术的退出机制，由法官视情况具体处理。概言之，人工智能系统的使用主体是法官，法官需要承担控制人工智能技术的运用边界，以保障基本的公平正义与司法公正的责任，此乃人工智能系统使用责任的实质。

第三，司法人工智能系统的定期审查责任，其主要目的是通过在一定时间内评估司法人工智能的运行情况，检测算法是否实现认知偏移，算法判断是否偏离其准确性，导致脱离了合理边界，产生侵犯合法权益的风险。司法人工智能技术的定期审查提出主体应当有二：其一是算法设计人员；其二是司法系统的使用人员。二者均可以对司法人工智能系统提出审查的请求。在此之外，由于技术人员在技术上具有绝对优势，因此技术人员应当承担定期审查的主要责任，司法人员承担次要责任，以实现司法风险的可控。司法人员的参与使人工智能技术的定期审查环节由密闭转向了开放，由单一技术性审查变为技术与司法联动性审查。此外，可以由相关技术人员参与到定期审查论证过程之中，通过第三方机构客观中立的立场，对审查结果进行相应评测。而科技公司的系统定期审查是否中立、客观主要是通过算法的实际运行结果来体现的。因此，人工智能系统定期审查是从算法实际运行的结果，寻求算法是否产生偏移的根源。具体包括：①是否存在司法偏见导致算法的实际运行脱离实践？②算法的实际运行是否产生严重的不公，导致当事人的诉讼权利与合法利益遭受不必要的减损？③这种严重的权利减损是单一案件的运行结果，还是一种普遍性情况？当这种偏差已经形成普遍性时，人工智能司法系统需要进行更新迭代，进行重新论证、优化升级。

第四，司法人工智能系统定期审查之后的处理结果。对司法人工智能技术进行定期审查，审查本身并不是目的，审查的目的是发现问题并以此为导向，解决司法人工智能运行过程中出现的偏差问题，故而司法人工智能系统审查的最终落脚点要在定期审查结果的反馈与处理上。当然，通过对司法人工智能系统进行定期审查可能产生以下结果：一是司法人工智能系统目前运转良好，算法的实际运行能够大致符合司法机关的设计需求。二是当定期审查时，发现系统存在算法设计的相关问题，导致人工智能司法系统运行的结果发生一定程度的偏移，对此的处理方案是对算法模型进行优化与升级，此时应当重启论证解释。三是人工智能系统存在较大问题，对当事人诉讼权益造成了非必要的减损，且这种偏差具有普遍性。那么，此时司法人工智能系统已不能满足司法实践的需要，处理结果为启动司法人工智能系统的退出机制，对智能系统进行重新部署，重启设计论证过程。

（三）算法运行结果责任：把控算法异化的边界

第一，厘定算法渗透进司法的边界，进行及时矫正。"法治的关键在于权力的制约",[1]对算法权力进行制约的有效途径，是厘定算法运行的边界，使算法在有限制的情况下，通过一定

---

[1] 张文显主编：《法理学》，高等教育出版社1999年版，第372页。

的程序合法化运行。因此,针对算法异化的边界,可以从权力的行使范畴、权力的行使程序入手,完成对算法决策权的约束框架搭建,划分算法进入司法决策的权力行使范围。首先,对生命权和人身自由等重大的基本权利进行处分的事项,不应当被纳入智能化司法的决策范畴,原因在于人类的情感理性通过文化、教育、生活经验而产生,这种同理、同情与情感共鸣才是法律给予司法决策者以自由裁量权的根据。但机器不具备这种同理与共情,这也是机器裁判广受诟病的原因。根据人道主义的原则,对一个人的生命和自由进行处分的权力应当隶属于人类,而不应交给机器。因此,智能化司法应当排除由人工智能进行的独立审判,尤其是在涉及处分人类生命权与人身自由等重大权利的案件中,应当审慎考虑人工智能技术的辅助边界。其次,厘定司法实践中同一事项中不能够交给智能技术进行裁量的案件类别划分"动态"且"必要"的标准,建立人工智能技术的"有步骤地限制门槛"。司法部门应当对人工智能司法系统在当下的智能技术发展阶段、能够解决的问题进行适当性评估,将以定罪量刑的司法案件的难易程度进行分类与整理,新型案件以及复杂案件不能够交给人工智能进行智能化决策。

第二,以"相当性"作为评判依据,[1]由法院内部工作人员与技术人员对司法人工智能系统的技术能力与输出结果的准确性进行评判,以"一般法官"作为评判的参照。当人工智能进入司法领域后,智能化司法决策结果的正当性与必要性来源于人工智能化裁判相较于人类法官裁判具有相对优势。主要体现在:一是智能化裁判可以提升司法效率;二是智能化裁判可以有效解决类案类判与法官能力不足的问题。在智能化司法进

---

[1] 蔡星月:《算法决策权的异化及其矫正》,载《政法论坛》2021年第5期,第31页。

行裁判的过程中，人工智能的技术优势能够有效弥补法官裁判能力的不足，实现在裁判上与法官"能力相当"。首先，人工智能在进行智能化裁判的过程中对算法系统进行能力相当性评判。评判的标准有二：其一，结合相关人工智能伦理来审查算法认证、算法检测相关的制度进行决策技术能力考核；其二，结合司法人工智能系统的司法输出结果来进行考核。只有通过"考核"才能够让司法人工智能系统真正上岗操作，应用于刑事司法审判实践。其次，对"相关性"的认定，需要由法院相关人员依据办案经验与常识作出。司法人工智能系统是一个高度耦合的智能系统，各组成要素或系统之间互相贯通且相互依赖。这种贯通与依赖一般具有"动态""复杂"等特征，一旦顺联的"数据库"或"物理环境"出现问题，便可能对整个系统构成较大威胁。在此情况下，常识能够帮助司法决策者面对算法系统崩盘的突发情况，判断算法系统进行学习时的各项指标以及算法输出结果是否符合社会经验与价值观，以实现对人工智能的人工控制。

第三节　智能化司法的责任主体厘定

一、机器能否承担责任？

（一）"责任鸿沟"及其产生原因

在对智能化司法相关问题的探讨中，算法问责是在学术界和实务界广受争议的话题。人工智能技术冲击了传统人类决策所设计的责任框架，将"机器思维"不断渗透进"人类思维"，以科技的手段为司法裁判赋能。因此，应当对传统的司法责任主体框架进行适时调整，运用到对司法人工智能系统相关的监管过程之中，避免遭遇制度失灵以及监管缺位的问题。

在智能化司法裁判过程之中，人工智能对司法领域的渗透冲击了原有的司法追责体系。算法设计者作为系统的开发端，其不具备案件具体审理能力，也并非司法机关进行裁判的一线办案人员，因此并不承担由错案导致的司法责任。但由于司法人工智能系统是经技术人员的设计、开发产生，智能化司法裁判冲击了原有的责任体系，使传统司法责任追究中"责任"的概念得以适度外延。尽管刑事司法人工智能的研发主体宣称基于正当目的设计人工智能，并确保将其建立在科学的基础之上，但如果缺乏相关的监督与问责机制，并不能从根本上解决问题。因此，当人工智能研发主体不尽释明责任时，应当承担相应的法律责任。[1]智能化司法的决策是一种人机混合型决策模式，虽然决策的主体依旧是法院，责任的承担主体主要是法官，但是技术人员不可避免地会对决策结果产生"隐性影响"。这种"隐性影响"引发了责任归属的争议。一方面，技术人员在设计和开发过程中可能存在偏见或错误，这些偏见或错误在算法运行中可能被放大，导致不公正的裁判结果。另一方面，法官在使用这些系统时，可能会过分依赖技术输出，从而忽视自身的判断和责任。因此，如何界定技术人员与法官之间的责任边界成了在智能化司法中亟须解决的问题。

（二）机器能否实现人类智能的完全模拟

人工智能模仿人类专家运用知识、逻辑、规则等进行推理并得出结论的过程，能够形成新的认知和体验。[2]人工智能可

---

[1] 李训虎：《刑事司法人工智能的包容性规制》，载《中国社会科学》2021年第2期，第58~59页。

[2] 张扬武：《基于产生式的民事法律专家系统的研究》，载《电脑知识与技术》2013年第15期，第3603~3605页。

以通过深度学习搭建系统的知识图谱，这是人工智能科技发展的重大进步，但此距离"机器模拟人类智能"的技术标准尚有很大的距离。比如，怎样对学习过的知识进行全自动化建模和抽象化处理，怎样从自然语言文字中获取形式逻辑的规律，这是当前人工智能模拟人类智能所遭遇的一大障碍，且在短时间内这一障碍难以逾越。换言之，人工智能与司法的结合是人工智能无限接近"智能"的"智能化"过程，司法人工智能完全取代人类智能完成司法办案的可能性不大，绝对意义上的"智能司法"或"智能裁判"从理论上或者技术上均难以实现。本书认为，由于"技术理性"与"情感理性"之间具有难以逾越的鸿沟（这一点本书在第四章有明确论述），机器永远无法实现完全意义上的对"人类智能"的模拟，但由于司法人工智能的"智能化"水平不断提高，它将在司法领域发挥越来越重要的"辅助性作用"，但不论何时，无论"辅助性裁判"的技术比例达到何种标准，裁判的主体均应当落脚于"人"。

（三）机器责任的落脚点——"人"

司法人工智能系统交付后，算法设计者并不具备权限去控制人工智能系统的实际运行，使用司法人工智能系统进行决策的是一线办案的法官，而非技术人员。另外，技术人员不具备司法工作人员的身份，并非一线实务办案人员，因此也没有办法通过传统司法责任追责程序对技术人员课以司法责任。因此，设计者无法控制系统的运行，难以对系统运行后的结果负责，在责任认定时产生难以逾越的"责任鸿沟"。[1]在这种情况之下，由于传统的司法责任模式将司法责任的主体定位到司法相关人员，因此相关权利人在受到人工智能系统权益侵害时，难

---

[1] Andreas Matthias, "The Responsibility Gap: Ascribing Responsibility for the Actions of Learning Automata", *Ethics and Information Technology*, 2004 (6), p. 175.

以寻求程序开发者的救济,更难以要求智能系统的设计者与开发者承担相应的责任。从我国传统的司法实践来看,算法本身并不构成责任追究的对象,人工智能系统也并不具备责任追究的相关要件。

我国《个人信息保护法》规定了对平台算法的法律监管的对象,将对平台的监管与追责直接指向了算法责任。但是,智能化司法制度设计中,程序设计中责任分配与平台算法的责任分配并不相同。虽然不能够对《个人信息保护法》的追责规定直接照搬照抄,但是也要遵循《个人信息保护法》中相关平台的构建设计思路,与传统的司法责任追究体制相融合。一方面,我国传统的司法责任制度中,对法官的追责主体与追责方式主要是在司法机关内部进行纪律追究与行政责任追究,这本质上并不是一种司法程序。因此,有学者提出,应当从责任类型及其范围、责任认定基准、责任认定程序三方面对法官的责任制度进行司法化改造。[1]另一方面,在传统的司法实践中,法官审理裁判即便出现冤假错案,决策者往往也不会被当作被告直接去进行追诉或是审理,而是从司法机关内部来启动追责程序,进行责任追究。由于人工智能技术的技术限制,智能决策并不能够脱离于人独立进行,因此没有办法对算法本身进行问责,一旦机器产生责任,其责任追究的途径便应当是对系统设计者、开发者、部署者等相关主体进行责任追究。

二、智能化司法的责任主体

(一) 技术人员

第一,技术人员的责任范畴。人工智能系统出现安全性问

---

[1] 方乐:《法官责任制度的司法化改造》,载《法学》2019年第2期,第160~163页。

第五章 面向智能化司法的责任范式

题，也就是机器责任承担问题。笔者认为，承担责任的主体主要是技术人员，范围主要为开发设计与更新维护的技术人员。在司法实践中，当司法机关想要去设置一定的司法人工智能系统时，往往会通过招投标的方式将技术内容进行外包，或者是通过招投标方式与科技公司合作进行研发。这种运行思路往往是：首先，司法机关根据司法实践的现实需要或上级部门的指示，提出相应的司法需求，面向社会进行招投标或寻求技术合作，将需求告知给科技公司，提出人工智能产品的设计效果需求。其次，科技公司在中标或合作之后，往往会与司法部门的相关人员进行充分交流与沟通，了解产品的需求面向，进行设计思路的沟通与交流，此后对相应的司法数据进行结构化处理。最后，在完成系统的调试与更新训练后，形成司法人工智能系统并交付司法部门使用。需要特别指出的是，这种司法人工智能系统一旦经过司法部门的认可，确定投产使用之后，司法人工智能系统与技术人员之间应保持一定的隔离地带，以便于将技术人员对系统的影响降低到一定范围。具体来说，系统交付之后，技术人员不得擅自更改系统中具有实质性影响的技术内容，即便是在定期调试过程中发现算法安全的相关漏洞，也应当与司法部门相关人员进行及时的沟通，在获得司法部门相关人员同意和认可之后才可以对系统进行更新、优化和迭代。如果擅自行动更改系统的实质性内容，技术人员将受到相应的责任追究。由于技术人员本身并非司法人员，对技术人员的追责没有办法通过司法部门内部的行政纪律问责与责任追究方式进行。因此，对技术人员逾越隔离地带的责任追究形式主要为民事责任形式，如通过对司法裁判中有具体影响的民事利益进行衡量，以划分追究的赔偿额度，采取追究责任的相关行动。

第二，在系统开发的过程之中，相关技术人员应秉持开放、公平、公正、合理的理念，不能擅自加入非必要的主观性歧视因素和偏见因素，否则应当承担相应的责任。应当由各部门联合出台统一的司法人工智能技术责任规制方案，以规范技术追责的相关流程。在司法实践的运行过程中，如果司法人员对人工智能系统提出质疑，那么接下来的操作方式应当为：一是要进行必要的算法公开，提升算法的透明度；二是提出必要的算法可解释规则。在司法实践中，科技公司往往会以商业秘密为理由拒绝公开相应的源代码以及算法的具体运行过程，当出现争议时，应当对科技公司苛以必要的算法解释义务，以维护司法公正。

第三，关于机器与技术人员的责任。在第一章我们提到智能化司法是以司法为主体、以 AI 为补充，二者并行的一种技术与司法混合决策的模式。因此，在使用人工智能技术进行司法裁判以及处理司法活动的过程之中，必须准确定位司法人工智能在实践中的决策辅助地位。科技公司以及相关技术人员在进行系统设计或开发的过程中存在利益勾连，导致人工智能系统造成了不可逆转的危险时应如何处理？笔者认为，应当通过对企业进行民事追责来处理。首先，根据我国《民事诉讼法》的规定，科技公司的技术人员是作为企业公司的内部工作人员来承接的司法机关的技术性工作任务，人工智能的系统问题实质上应当是一种产品瑕疵责任。人工智能产品的开发与设计应当由科技公司作为责任承担主体，向外承担民事产品侵权责任。需要指出的是，这种民事追责不包含与其他主体进行商业秘密的勾连、行贿受贿等相关情况。其次，如果在此过程中，出现行贿、受贿、利益勾连等相关情况，需要由相关司法部门或者纪检部门加强审查，以维持正常的民事活动秩序，追究对应的刑事责任。

第四,关于司法人工智能系统的责任认定,应当明确以下几点:①以司法人工智能系统的运行结果为具体导向,当运行结果出现错误,严重偏离司法实践的判定时,应当考虑是否严重低于法官裁判的"能力相当性"标准,以常识作为判断的补充内容;②这种司法错误应当是普遍的而非单一的,只有普遍性的司法错误出现时,才能够认定司法人工智能系统产品存在瑕疵责任或产品责任,才可以启动追责程序;③应当坚持权利及时补正优先于责任追究的立场。司法案件的审理往往关乎当事人的人身权利与财产权利,因此在发现司法人工智能出现系统问题时,追究技术人员的责任并非首要目的,应当先行启动权利的救济程序,优先对案件进行及时纠偏,补正人工智能技术的错误,为当事人提供相应的权利救济手段。完成上述内容之后,再启动追责程序,追究科技公司的民事责任或相关工作人员的刑事追责,这也是智能化司法坚持以司法为本位的要求。

(二) 系统部署者

当前,司法实践中对智能化司法的关注焦点主要在于:一是人工智能产品的开发与设计环节;二是司法人工智能的实际运行过程。对相关人员的责任追究与分配主要体现在技术人员以及实际使用人工智能司法产品的司法官身上。显然,我们对人工智能产品的系统部署关注不足,尤其是对法院内部从事司法人工智能系统部署工作的人员的关注程度偏低。然而,这种系统部署的中间环节,正是能够决定司法人工智能系统的设计方向、设计需求的重要指征,系统部署者在司法人工智能的整个设计开发、调试、运行、优化的全流程阶段发挥着不可或缺的重要作用。

系统部署者责任产生的原因是多样的。具体来说:第一,系统部署者向科技公司提出的设计需求宏观有余、精细不足。

比如，系统的部署者提出的司法智能的建设需求可能较为宏观，如"公正、高效、服务"这种宏观性的抽象原则，但是技术人员在进行数据处理与算法设计的时候，可能由于相关专业知识的匮乏，难以从司法的角度有效理解这种设计需求，并将其精准融入算法的设计过程。第二，智能化司法的建设往往是多个司法人工智能系统相结合的结果，某一项司法人工智能产品从设计到投入使用，其面临的不仅仅是实现某一部分的子系统的设计需要，设计的本身需要对上游的相关系统进行承接、过渡，了解所设计的这个司法人工智能产品在整个智能化司法建设中的位置与作用。在此过程中，系统部署者需要以技术人员能够理解的方式准确表达意见与立场，因此系统部署者与技术人员的充分互动显得至关重要，一旦其中的理解出现偏差，受偏差数据或偏差算法影响，基于机器学习下的司法人工智能系统将形成"反馈循环"，将进一步放大这种偏差或者错误。第三，科技公司与技术人员可能通过司法人工智能系统介入与影响司法的公正性的隐性因素。司法人工智能系统运行的核心是"数据"与"算法"。一方面，基于对"卸责"与"显摆技术先进性"的考虑，科技公司在司法人工智能的部署与设计流程中倾向于采取有利于自身的方式设计算法，以便掌握司法人工智能的话语权。另一方面，就数据的保存而言，司法数据在历经"数据的收集""标注整理""预处理"之后，其数据的存储与管理方主要是科技公司，在推动司法数据共享的大背景下，各类数据的挖掘主体具备能力篡改测评数据、调整算法运行规则，或者修改算法运行结论，可能引发司法决策风险。因此，通过系统部署者，加强与科技公司、技术人员的沟通交流，从程序的设置层面把控司法人工智能的"部署设计权"，是后续智能化司法良善运行的重要内容，也是防控技术风险的必要举措。

首先，系统部署者往往是司法机关内部的工作人员，这些人员往往具有一定的行政职务或是一线办案经验。具体来说，系统部署者主要承担以下职责：一是讨论决定是否向科技公司寻求帮助，以便在司法实践中引入司法人工智能系统。二是在确定引入之后，需要什么样的司法人工智能系统？依照司法实践的实际需要或上级部门的具体指示，对司法人工智能的产品需求进行规范、整理。三是人工智能设计的全流程中同科技公司进行充分沟通。如从什么方向去设置司法人工智能系统？再如在算法设计论证与试运行环节，与技术人员进行充分沟通，把控司法人工智能的"智能化方向"，避免人工智能系统偏离司法轨道。

其次，系统部署者主要承担的工作任务：第一，由法院系统的相关人员提请，组织上会讨论司法人工智能的设计需求。如一个司法人工智能系统的引进往往需要自上往下的多部门领导的签字。如人民法院院长，分管该部分业务的副院长，以及案管部门领导。在所有审批流程结束后，一般会交给法院一线工作部门的工作人员去进行具体的项目跟进。第二，这位法院内部的对接人需要承担的工作有：一是对经过讨论的、领导或者上级提出的司法人工智能产品的需求进行进一步细化。二是与技术部门进行充分沟通，在司法信息的"数据化"过程中提供法律上的建议，帮助技术人员理解并按照一定的标准对司法信息进行预处理。三是在算法的调试阶段，法院的对接人需要同技术部门与法院相关领导（案管部门领导、分管副院长、院长）逐级汇报司法人工智能产品的设计开发情况，尤其是从全真模拟审判中把控司法人工智能与人类法官的"能力相当性"，借以评判司法人工智能系统是否具备资质"上岗"完成裁判辅助工作。四是在司法人工智能系统投入实践运用之后，要会同科技公司的技术人员以及第三方评估机构，定期对司法人工智能系统进行审查，当发现司法人工智能系统在具体运行过程中偏离设定的轨道，产生司法错误，且这种错误具有"普遍性"时，应当及时通过司法机关内部的上报机制，提出风控建议，由法院系统内部讨论或者决定是否要求科技公司对算法进行优化，或者直接启动该司法人工智能的退出机制。

需要特别指出，当前我国司法各部门正以极大的热忱拥抱人工智能，希冀借助人工智能技术优化司法效率。特别是在刑事司法审判实践中引入人工智能技术，应当"谨慎"看待人工智能技术对司法场域的作用，加强对"伪人工智能"的审查，从设计源头防止司法人工智能系统因技术不足产生的司法风险。具体来说，据以设计、开发司法人工智能系统的技术人员或者技术公司并不具备相应的技术能力，但为了成功中标或者与司法部门合作，一方面"鼓吹"其技术以哄骗相关司法部门，另一方面通过"行贿"等手段与司法部门相关人员进行利益勾连。使本身具有技术瑕疵的司法人工智能产品经过论证审查，投入司法实践。对此，在法院系统内部，纪检部门应当加强对系统部署能够产生决策的人员的纪律审查力度，建立规范的人工智能产品的招投标、论证细则，防止利益勾连。在法院系统外部，应当建立健全相关的配套设施，防止发生违反市场秩序的情况，同时畅通权利的救济渠道，以保障司法人工智能技术"有能力""可控""良善"地适用于司法实践。

（三）司法官

伴随着人工智能技术的迅速崛起，由人工智能技术所催生的诸多司法人工智能的科技产品也将司法权的主体置于了异化与物化的双重风险之内，机器已然成了潜在的苛责对象。如前所述，智能化司法其实是一种以"司法为本体"的"技术与司法相融合"的过程,在这一过程中,应当坚持以司法为本体,运用人工智能技术的辅助作用进行司法裁决。因此,为了避免法官产生技术依赖和技术卸责,应当坚持法官裁判责任的主体地位。在法官运用司法人工智能系统的过程中,其承担的责任主要有:一是选择是否适用司法人工智能系统进行司法裁决以及运用到什么样的程度;二是即便是司法人工智能系统通过"类案检索""裁判文书自动生成""裁判偏离风险预告"等方式对法官的裁判产生相应的信息提示,据以进行定罪量刑的主体也依旧是法官,是否参考人工智能的推荐结果,其最终决定主体应当是法官,而不是机器。三是即便未来人工智能达到强人工智能程度,对人工智能的司法定位也依旧不能发生偏离,即便部分简单、重复性强的案件在某些情形下可交给人工智能系统审理,裁判最终确定的主体也依旧是法官。当然,这里的确定方式可以是对人工智能系统运行结果的定期审查,如果在抽查审查时发现人工智能技术缺陷导致司法案件的审理偏离了"一般法官"的审理结果,此时需要合理界定司法人工智能系统出现问题的时间节点,进行案件审理结果的倒查,纠偏补正。

因此,在人工智能背景下,智能化司法建设向传统的司法官以及传统司法责任体制发起了挑战:第一,在智能化司法的"人机混合"决策模式中,以人为主体、以机器为辅助的判断,对法官的责任感提出了更高的要求,对法官的思维能力也产生了更高的期待。第二,智能化司法是一种"技术与司法互动式融合"的决策过程,一旦出现司法错误,责任追究的对象并不仅仅限于一线办案的工作人员。毕竟,技术人员与系统部署人员对人工智能系统产生了较为实质的影响,在司法人工智能的技术与设计层面,不应当对一线办案的司法官进行苛责。毕竟,其仅仅是司法人工智能的使用主体。第三,需要从法律制度上构建一种合理的司法责任体系,厘清不同阶段、不同环节下智能化司法相关主体的责任内容。

具体来说:

第一,司法人员必须习惯人脑和电脑有机统一的思维模式。"大数据"为人们的生活和生产活动提供了极为丰富和形象的信息,这些信息是电脑处理过的、趋真的,而这些信息又是无处不在、诱人的、无法抗拒的。正是这些极为丰富和形象的、趋真的信息影响着人们的思维与思考方式,使人们的思维与电脑趋于统一和融合。因此,在司法的"大数据化"条件下,对于司法人员来说,必须有自如和熟练掌握电脑的能力,习惯人脑和电脑有机统一的思维模式。

第二,在运用司法人工智能系统办案的过程中,办案人员需要时刻保持人脑的主体性。保持人脑的主体性意味着,人的思维不能简单地附和于司法人工智能系统的思维模式,被机器牵着鼻子走。而是在此过程中,既对司法人工智能系统有着充分的认识与了解,借助于司法人工智能系统以"辅助"案件的办理与裁决,又能够在这一过程中发挥法官的主观能动性,保持思维的独立性与创造性,以实现"情感理性"与"技术理性"的互动式融合。人工智能技术进入司法领域之后,司法数据得以被结构化处理为司法大数据,司法人员保持高度的自觉性,对人工智能系统所"类案推送""裁判文书检索""证据提示"等信息,不能够照搬照抄,既要将其作为一种参考,又不能将其直接定性为最终结论。法官需要有足够的判断能力,以保证智能化司法的决策结果虽参考"智能化量刑结果",但成就于"人类法官裁判"。可以说,智能化司法裁判本质上是司法实践中的人类法官在人工智能的影响下,由人脑创造性思维的结果。与此同时,司法人员必须提高综合集中的思辨能力,面对海量的、经过计算机处理过的多维形态的信息,要通过缜密思辨,从性质上、数量上判断、鉴别出真实可信的信息,培养更严谨复杂的思维方式。

第四节 智能化司法的问责体系

2021年,中央政法委员会提出"要推进执法司法责任体系的改革与建设,围绕'督责''考责''追责'相关内容,强化履职尽责,严肃追责问责,推动司法官恪尽职守、担当作为,树立正确的责任观"。[1]这表明,当前我国的司法责任制改革已经进入了新阶段,从传统意义上的"明晰职责与结果追责"模式,逐渐调整为"司法过程责任控制""明晰职责""结果追责"相结合的司法责任控制新模式。从智能化司法的"数据—算法—结果"的全流程中厘清责任配置,有利于督促相关主体积极承担相应的司法责任,明晰技术人员与司法人员各自的责任类型与责任内容,督促相关主体的担责履责,防止"责任推诿",纠正相关主体"卸责于技术"等行为,是人工智能技术进入司法领域尤其是刑事司法领域的关键举措。

一、问责体系构建的原则

本书对于智能化司法责任相关困境的论述,既是技术发展尚处于不成熟阶段的必然产物,也是法律的滞后性导致的相关责任配套的体制机制不完善的必然结果。人工智能技术在司法领域的使用,虽然在一定程度上产生了"去责任化"的相关困境,但技术介入司法领域也为智能化司法的"问责""追责"提

---

[1]"法治日报"评论员:《加快推进执法司法责任体系改革和建设》,载《法治日报》2021年7月25日。

供了新的机遇,即全流程的责任控制。因此,智能化司法的责任内容与责任形式正在发生改变,"问责主体多元化""责任类型多元化""追责方式混同化"的新型智能化司法的责任实践样态,呼吁优化传统的司法责任承担模式,从概念外延上对智能化司法的责任体系进行革新与调整。

为构建智能化司法的责任体系,应当做到以下几点:一是坚持智能化司法相关主体的"岗位与职责"相匹配,厘清不同参与主体的岗位与职责问题;二是能够坚持智能化司法的问责与免责相结合,使"技术的交给技术,司法的交给司法",对技术人员与相关司法人员设置必要的容错空间。三是智能化司法中有利于坚持权利与义务相统一,技术人员、系统部署者、一线办案的司法官在设计、论证、运行司法人工智能进行案件审理的过程中,各自权利与义务的统一性。四是能够坚持在智能化司法中的责任与保障相适应,厘清权责问题与智能化司法全过程的责任体系,有利于及时发现智能化司法过程中可能出现的缺漏,有针对性地建立相关责任配套的保障方案,有效规避"责任推诿"导致的损害司法公正与司法正义的情况。

二、问责体系构建的道路选择

无论是从智能化司法的数据责任与算法责任的责任类型角度,还是从智能化司法的系统部署者、技术人员、一线司法官等责任主体的角度,审视人工智能介入刑事司法领域带来的各项变革,其最终的目的均落脚于构建一套面向人工智能司法应用的责任体系,从问题的发现中找寻智能化司法的责任体系构建的应有之路。智能化司法的责任问题,是司法责任问题在智能化司法这一背景下的具体表现,具有"司法责任"与"技术责任"的双重范围。从前者的角度考虑,智能化司法的责任问题需要回归到传统的司法责任构成、归责的原则等相关的领域进行探讨。从后者的角度来看，由于"智能化"这一限制要件需要立足于人工智能技术应用于司法领域的具体实践，展开相关的探讨，在"技术责任"与"司法责任"这一复合性责任机制下来消化这种智能化司法产生的责任问题。因此，智能化司法责任体系构建便导向了下述问题：第一，智能化司法的责任具体是何种性质？责任的来源是什么？第二，智能化司法的责任主体应当是机器还是个人？第三，智能化司法的责任应当如何分配？其分配方案与责任承担应当采取何种方式？针对上述第二个问题，前述讨论已经有了明确结果，智能化司法的责任主体最终的落脚点应当是个人，这里的责任主体可以是系统部署者、相关技术人员、一线司法官。其他问题尚待我们进一步探讨与明晰。

总体来说，智能化司法的责任体系建构有两种不同道路：第一种是优化传统的司法责任体系，赋予人工智能背景下"司法责任"以新的内涵，扩大追究责任的主体空间，同时采取多模式联动的方式启动相应的追责；第二种是放弃原有的司法责任追究模式，构建一种全新意义上的智能化司法的责任体系以准确应对人工智能技术给司法领域带来的变革。不可否认，后者显然与当前的智能化司法的实践特征更加匹配，是一种为智能化司法所量身打造的新型责任追究模式。但是，从立法成本上来考虑，另起炉灶的创设型责任体系将耗费更多的司法资源，其从无到有的"提出—论证—实施"过程漫长且艰辛。况且，当前人工智能技术在司法领域所发挥的作用"有限"，人工智能的"智识"尚不具备人类法官的"能力相当性"。不论是从人工智能在司法领域的适用实际来看，还是从责任体系创设产生的司法成本与时间来看，如果通过对现行司法责任体系进行完善与调整后所构建的责任体系能够与智能化司法在某种程度上相契合，且这种契合性是在可接受的范围之内，那么选择在原有责任体系的范围内进行优化与调整，显然是当下的最优解。因此，本书的基本观点是智能化司法的责任框架应当立足于现有的司法责任体系，在这一体系内对相关主体的责任进行有效界分。

（一）智能化司法的责任溯源

目前，我国传统意义上的司法责任体制的核心是"让审理者裁判，让裁判者负责"，这一体制构建的核心在于将司法错误的结果归结于具体审理的法官，从而倒逼法官公正审判，以维护相关主体的诉讼权利，保障司法公平与司法正义。在司法实践中，"司法错误"通常以"冤假错案"的形式存在。其产生的原因主要有三：一是案件的法律适用错误；二是案件的事实认定错误；三是案件在程序方面出现了错误。在人工智能技术的应用背景下，智能化司法责任问题指涉的主要内容有：一是传统司法错误问题（如上）；二是算法或数据错误产生的责任问题；三是由人类裁判者使用司法人工智能系统时的操作不当导致的错误。由于本书主要立足于智能化司法中的司法责任的新变革，因此将主要探讨由二、三项所导致的智能化司法的责任问题及其体系构建，以便于从规则与制度层面厘清人工智能对司法领域的影响与冲击。

（二）构建多元化的问责体系

前文我们提到，人工智能本身不能作为承担责任的主体，智能化司法的责任承担主体应当落脚于具体的个人。司法人工智能的系统本身虽然不是承担责任的主体，但其是产生司法错误的原因之一。这种错误产生的原因主要有：一是算法设计过程出现了错误，存在"算法黑箱"与"算法歧视"，因掺杂技术人员的主观偏见而导致司法人工智能系统的输出结果产生错误。在这一原因内部，算法设计责任又可以归因于数据问题和算法的部署、设计、审查问题。一方面，从数据的角度来看，数据产生错误的原因可能是数据收集、数据分类、数据预处理或者数据存储的过程中产生错误，这里的牵涉主体可能是一线的侦查人员，数据录入者、数据分类者（与技术人员进行沟通的中间人）等。另一方面，算法问题又可以细化为司法人工智能系统的部署、设计、审查问题，这里边指涉的对象主要有人工智能系统的部署者，包括法院的院长、分管副院长、案管部门的领导，对接人，承接司法人工智能设计的技术人员及科技公司的相关负责人。总体来说，这里的责任主体主要有以下几类：一是系统部署者；二是技术人员；三是一线办案的司法官。这一点本章第二节、第三节已经有所论述。具体来说，人工智能技术进入司法领域，应当在维持现有司法秩序的基础上，尽可能保持现有司法系统的稳定性，通过构建多元化的追责体制，既能够建立智能化司法的多方责任的利益共同体，又能够在保持现有司法系统稳定性的基础上，以最小的司法成本搭建智能化司法的责任框架，消解人工智能对传统司法责任体制的冲击。因此，可以通过以下途径对智能化司法责任体系进行完善。

首先，问责主体多元化。具体来说，要以立法的形式将司法人工智能系统的相关责任主体全部纳入智能化司法的问责体系。立足于人工智能的司法实践背景，将传统司法责任主体的范围外延至人工智能系统的技术人员（研发人员、设计人员、维护人员）。需要指出的是，这里的对技术人员的问责并非对司法责任的问责。由于技术人员本身并非法院系统的内部人员，因此无法通过法院系统内部的司法问责机制进行问责。这里对于技术人员的责任界定，主要是研发人员的技术责任与设计伦理责任等。毕竟,智能化司法的诸多决策是包括法官与技术人员在内的人类与机器所共同作出的混合型决策。〔1〕"技术系统往往可以制造一种幻觉:使决策看起来在公权力的掌握之中。"〔2〕因此,若是仅采取传统的司法责任问责模式,以法官作为智能化司法的追责主体可能会产生以下难题:一是技术人员以"技术渗透"的方式"实质参与"司法决策的实际运行,但是却无法对其进行相应的责任追究;二是基于人的"避险"惯性,一旦问责于技术无法实际执行,法官极其容易依赖司法人工智能系统的决策结果,进而丧失其主观能动性,"依赖于技术",从而使司法问责流于形式。因此,笔者认为,在人工智能背景下,智能化司法的责任承担应当由传统的"审理者裁判、裁判者负责"模式转变为"实质审理者裁判,实质裁判者负责"。当然,这里"实质审理者"的概念应当外延至技术人员。毕竟,司法人工智能系统由技术人员所研发设计是不争之事实,即便司法人工智能的定位为"辅助性工具",但过分强调"系统的辅助性工具定位"将忽视人类责任规避的本性。与自动化驾驶汽车等人工智能产品有所不同的是,司法人工智能产品不能像其他智能服务产品那样采取简单的产品责任归责模式。毕竟,司法领域的人工智能具有司法独特性。因此,应当参考"复杂性"标准,对智能化司法决策进行具体的界分。一方面,对简单、重复性强的智能化司法决策应当重点考察司法人工智能系统技术人员的责任,考察其设计、论证环节是否出现相对应的可追责原因。另一方面,对于无限接近"智能化"的智能化司法决策

---

〔1〕 这里技术人员的范围主要是程序员、软件工程师、数据处理商、技术公司。详见季卫东:《人工智能时代的司法权之变》,载《东方法学》2018年第1期,第132页。

〔2〕 张凌寒:《智慧司法中技术依赖的隐忧及应对》,载《法制与社会发展》2022年第4期,第199页。

结果，其定位应当是"人机混合决策"下的混合决策产物，应对"复杂"案件引入智能化司法裁量的全过程进行预留痕，以便于能够在后续的追责过程中，厘清人与机器混合进行决策的比例问题。

其次，问责形式的多元化。问责方式的多元化要求构建一种"技术系统"与"人类"协同的司法问责机制，应当创设合理的责任划分方式，厘清机器责任与人工责任的界定问题。从机器责任与人工责任的关系来看，排除"人工责任"并不一定意味着"机器责任"的成立，同时排除"机器责任"也并不能推导出"人工责任"的具体范围。在智能化司法的具体实践中，"机器责任"产生的具体方式主要有：一是基于司法人工智能系统"技术失灵"所产生的司法错误，这类司法错误一般具有普遍性特征，并非个案，且能够由一般司法主体所分辨。二是不能判定是不是由"技术失灵"所导致的司法错误。这类司法错误又可以被分为：①一线办案的司法官，不能审查司法人工智能系统推荐结果的合理性与准确性，但裁判的结果却参照了司法人工智能系统推荐结果得出的；②一线办案的司法官的司法决策结果是依据司法人工智能系统的输出结果作出的，这一特定司法决策受技术发展水平的限制，从而导致一线司法官与相关算法审查（技术人员与法学专家联合审查）认定无误，但是伴随着人工智能技术不断更新迭代而事后认定存在司法错误。上述分类的主要意义是，通过对机器责任的合理界定，从而在司法责任与技术责任之间明确智能化司法的责任问题。当然，其中最为要紧的是，通过对"机器责任"的划分，为技术人员与司法相关人员设立一定的容错空间。

三、预留必要的容错空间

智能化司法的相关主体的人员责任与机器责任的划分应当通过界定一条明确的"机器责任"红线，为智能化司法的相关责任主体预留一定的容错空间，以疏解人工智能给智能化司法的责任主体带来的不当压力。这种以"机器责任"为责任边界的容错空间划分的好处有：一是通过系统归责的方式，正视人工智能技术的发展水平问题，防止人工智能技术在司法领域内的无限扩张。二是培育智能化司法相关主体的责任感。在智能化司法为相关主体"责任加压"的同时，建立一种正当且合理的疏导压力和责任的通道，通过上述"机器责任"与"人的责任"之合理界分，正视人工智能技术发展的局限性，设置明确且合乎智能化司法责任伦理的减轻责任方式，筑牢不当规避智能化司法责任与卸责于技术的大堤，引导相关智能化司法的责任主体在司法实践中承担起应有的技术责任、技术辅助责任、司法责任等相关责任。这不仅仅是人工智能进入司法领域发展的刚需，也是让司法人员敢于部署与使用人工智能技术，技术人员敢于研发、设计优化司法人工智能系统的应然之举。

一方面，从技术的角度来看，现下人工智能技术产生司法错误的原因并非技术人员故意为之。换句话说，这种司法错误虽然可以归责于技术，但技术责任产生的根源在于当下人工智能的技术发展水平有限（或者可以说是科技公司与技术人员的技术水平限制），且这种限制是即便技术人员实现了"设计能力最高性"也无法突破的，也即相关科技公司或者技术人员根据以往的智能技术设计水平所能达到的最高状态，且这种水平的最高状态符合司法部门进行项目外包或者寻求技术合作时的基本要求。通俗来说，智能化司法的责任界定能够容忍由"能力不济或者是技术不够"导致的司法错误，但是不能接受由技术失误、系统部署或者程序设计过程中"故意"将司法歧视或者算法偏见等相关因素嵌入进司法人工智能系统引发的司法错误。另一方面，智能化司法呼吁相关责任主体能够建立"责任感"，这种智能化司法责任感的培养，要求相关责任主体敢于承担责任、勇于承担责任，尽职尽心履行责任。亦即在发现司法人工智能系统存在错误的时候，应当阐明立场，积极表达自己的见解与看法，而非一味卸责于"技术"或者"司法"。毕竟，立法已经设置了智能化司法的容错空间，这种容错空间可以解决技术人员或者是相关司法人员在履职尽责过程中的后顾之忧。

四、智能化司法的责任划分与承担

如上文所述，智能化司法的必要"容错空间"提供了一种免责事由与免责方案，这种方式便于督促相关的责任主体履责尽责，积极阐述自己的意见与观点，能增强"责任感"的培养以控制人工智能产生异化风险。在这一情形下，对智能化司法的责任划分是在判断完毕是否为"免责事项"之后进行的进一步责任厘定。具体来说应当遵循以下步骤：第一，首先判断智能化司法所产生的"司法错误"是否在"容错空间"的范围内，是否属于"机器责任"且受当下技术发展水平的限制而不可避免，如果有，则首先排除一线运用司法人员的智能系统使用责任，归责流程转化为对技术人员与系统部署者的责任划分。第二，从"机器责任"的角度来看，机器责任的最终落脚点是智能化司法实践中的"个人"，即系统部署者与技术人员。那么，这里主要涉及的问题便指向了究竟是司法人工智能的部署出现了问题，还是其需求与部署脱离了现有的技术发展水平，司法人工智能的数据收集与处理、算法设计、研发、测试过程存在问题，抑或是算法的设计本身存在问题，且审查出错？导致这种"带有缺陷问题的司法人工智能系统"进入司法领域，产生不适当的错误？具体来说：

第一，从司法人工智能的部署环节来审查相关的司法主体是否尽到了充分的"审慎义务"。这一"审慎义务"的审查内容主要包括：①在系统部署相关过程中，对于"是否引进人工智能技术，引进何种人工技术，司法人工智能产品的需求设计是否符合当下的实践需求"这一过程，法院的院长与分管副院长或者是案管部门的负责人是否应负审查错误责任与错误用人责任，比如安排责任能力不适当的人负责司法人工智能的系统跟进与设计，或者由方案审查"不审慎"造成的系统部署错误。由于在一般实践中，对于司法人工智能系统的引进，其宏观指导需求往往是通过法院相关领导逐层安排给一线办案人员来具体跟进与逐步细化的，因此责任的厘定应当采取自上而下的方式来进行逐一追责，比如从法院的院长与分管副院长的层面来看，其宏观的需求是否契合上级部门要求的内容？从案管部门的领导来看，其进一步细化后安排给具体与科技公司进行对接的司法部门相关人员，是否对上级领导的指示进行准确的传达？从具体负责与科技公司与技术人员进行沟通的法院内部的一线部门司法工作人员来看，其是否有"明显曲解"上级部门的相关指示，在与技术公司进行沟通协调的过程中，是否尽到了充分的注意义务与发现问题之后进行及时处理，或向上级领导报告的义务。②在系统部署的过程中，尤其是当法院系统将技术部分进行外包或者以招投标的形式将司法人工智能产品的研发承包给科技公司的过程中，是否存在"利益勾连"行为。这种

"利益勾连行为"的具体表现有：一是科技公司的相关人员通过"贿赂""返点"等形式，向法院负责进行系统部署的相关责任人（可能是法院的院长、分管的副院长、案管部门的领导或者是具体负责对接的责任人以及其他能够产生绝对影响作用的人）"行贿"，使得"不符合技术要求标准的科技公司参与司法人工智能系统的研发过程"。二是司法部门进行系统部署的相关责任人为了"显摆技术的先进性"以追究业绩，而与科技公司合力，盲目"夸大技术的先进性"，从而对一线办案的司法官适用司法人工智能系统造成错误引导。总体来说，对智能化司法系统部署责任的追责应当采取混同模式。①对司法部门的相关责任人采取的追责模式主要有二：一是通过法院内部的纪律审查，追究其工作过失责任，给予相应的惩处，这里的工作过失主要包含"标准设置过失""审查不当""盲目追求业绩而夸大司法人工智能的功能而产生不应有的司法错误"。二是对部分"利益勾连"行为，应当通过相关纪检部门建立必要的履责廉洁性清查，清查其"收受贿赂"的相关行为，畅通举报渠道，必要时追究其刑事责任，以保障法院内部系统部署过程的清正廉洁。②对技术人员进行行为规制，以厘清责任问题。具体模式有二：一是针对司法领域的特殊情况，结合"智能化司法的责任伦理"设置一种智能化司法的技术规制标准，从"显摆技术先进性"角度进行夸大技术效果的控制，建立行业追责的相关标准，建立"盲目显摆技术先进性"而产生司法错误时的黑名单制度，督促科技公司与技术人员"审慎履责"。二是建立智能化司法技术人员的行为审查机制，强化人工智能产品的市场监管机制，预防"行贿"等违反市场秩序的行为。

第二，从司法人工智能的设计论证与测试、审查环节来看，相关主体是否充分履责，从而避免"带有技术缺陷"的司法人工智能产品进入司法实践。不论是智能化司法的数据控制责任还是算法规制责任,都是从智能化司法设计的整个流程角度对相关主体进行的履责控制。将智能化司法人工智能系统的设计、运行、测试与审查的各环节流程从过程方面进行责任类型划分,这一环节相当于司法人工智能系统从部署到投入运行的中间阶段,即在算法系统的设计、论证、审查环节进行的责任划分。具体来说,对宏观层面系统部署责任的审查主要侧重于智能系统外部对智能化司法进行的责任划分,而基于司法人工智能系统的设计、论证、审查环节的流程控制而提出的"数据控制责任"与"算法控制责任"则是立足于智能系统内部考察的司法错误问题。由于本章第二节已经对数据控制责任与算法规制责任进行过相关说明,因此不再赘述。

第三,从智能化司法的使用过程来看,一线办案的司法官应当承担司法人工智能系统的使用责任。基于智能化司法的责任伦理要求,一线办案的司法官应当做到:一是坚持智能化司法进入司法领域的技术边界,在使用智能化司法系统进行辅助决策的过程中,在发现智能化司法决策的输出结果与传统意义上的"法官裁判结果"产生重大偏差且具有普遍性时,应当及时履行报告义务,逐层向上级部门报告司法人工智能产品的缺陷,由法院内部系统部署的相关责任人(一般为司法部门最高级别的领导)牵头安排,会同第三方中立组织,要求智能化司法系统的技术人员作出必要说明。即通过赋予技术人员一定程度的"算法解释义务"与"算法公开义务",对司法人工智能系统进行数据与算法论证,讨论该司法人工智能系统是否应当进行调整,应当优化还是应当直接退出,在这一过程中,一线办案的司法人员应当列席,从司法实践的角度展开论述,以便于更好地对司法人工智能系统进行审查论证。二是坚持智能化

第五章　面向智能化司法的责任范式

司法进入司法领域的责任边界，在司法人工智能系统的使用过程中，一线办案的司法官的使用责任要求办案人员不得故意利用司法人工智能系统的漏洞，卸责于技术而作出错误的司法决策。进一步来说，智能化司法责任的一线办案人员使用责任是避免责任主体形成"技术依赖"的重要举措，更是防止"技术理性"越过"情感理性"的应然之举。当一线办案的司法人员不当使用司法人工智能系统而产生使用责任时，应当启动法院系统内部的司法责任追究机制，依据传统司法错误责任的追究方式，启动追责程序。

总之，智能化司法的问责体制是建立在现有司法责任追究机制基础上的，通过对司法机关内部的系统部署者、一线办案的司法官施加智能化司法的责任义务进行归责链条的构建。在此基础上，立足于系统部署，算法的设计、论证、审查、使用的全流程进行责任类型的划分，在智能化司法决策作出的不同环节厘清相应的责任问题。同时，通过对技术人员相关责任的规制，赋予"司法责任"以新的内涵；智能化司法的责任问题应当是一种囊括"司法责任"与"技术责任"的综合式责任类型。司法责任也外延至系统部署与系统使用责任，这一点相较于传统的司法体制而言有明显的不同。最后，智能化司法的追责方式也具有多元性，其立足于智能化系统的内部与外部进行综合追责：一方面，在系统内部主要考察其算法与数据相关责任，而系统外部则主要考察智能化司法从部署产生到辅助司法决策的实践全流程中相关主体的责任问题。另一方面，这种综合追责的具体途径既包含对违反纪律的追责，也包含对违反市场监督秩序的追责，是一种多制度混同模式下的追责方式。

第五节　智能化司法的配套责任制度

一、构建智能化司法的数据保障制度

（一）规范侦查阶段的数据收集

从互联网、物联网再到数联网的技术发展，人们行为的记录已经从"平面时代"步入了多维的"立体时代"。执法机构在数据收集、汇集过程中，几乎不加区分地进行全量采集。侦查权天然具有侵权性，由国家暴力机关行使。在大数据时代，这种公权力一旦被数据赋能，如果不加限制，对人类造成的侵扰将呈现指数级增长。侦查行为实施的合理限度和合程序性的规定要件，也是正当程序的根本要求。在我国侦查行为开展过程中，例如关于搜查行为有令状的要件、有实施搜查过程中的具体程序要件、有搜查结束之后的制作笔录要求；技术侦查措施有严格的案件范围限制、适用对象、实施期限、执行程序等规范要求；其他诸如辨认措施、查封、冻结、扣押、通缉等都有相应的程序规定。对大数据侦查行为的具体开展以及大数据收集、使用、分析等还处于"法律的真空地带"，导致难以对侦查行为的实施过程进行有效监管。

第一，大数据侦查的综合属性导致侦查行为规制困难。从大数据侦查与一般的侦查措施具有重合之处，也存在包含关系。一旦将其纳入技术侦查的范畴，大数据侦查的实践就会陷入举步维艰的地步。如果按照普通侦查行为予以规制，又无法涵盖对技术侦查措施行为的规制。对此，也有学者提出，大数据侦查在互联网领域搜集数据的行为与刑事诉讼法中的搜查行为有

第五章 面向智能化司法的责任范式

重叠的地方,可以将其纳入规制的范畴。[1]

第二,侦查阶段的数据挖掘与算法决策导致传统法律理论难以应对智能化司法的变革。数据挖掘是突破数据之间的表面关系,基于大数据的相关关系而对数据展开的二次或多次"深加工",其核心的关联分析技术、聚类分析技术、时序分析技术[2]等难以在《刑事诉讼法》中找到相对应的规制措施。算法决策作为一种特定任务的技术应用,[3]是基于一定的数理模型构建起来的犯罪行为分析工具。严格地说,它不是一个法律上的概念,[4]也不是一个具体的侦查行为概念。因此,在以审判为中心的诉讼制度之下,现行体制难以运用刑事诉讼法程序去规制大数据侦查行为。

第三,大数据侦查证据的并行构造规避了司法审查的监督。在诉讼证明过程中,证据成了事实与事实认定间的唯一"桥梁"。[5]整个司法裁判的过程,是法院通过衡量证据来决定裁判结果的过程。因此,证据必须具备法定的证据形式;必须严格遵守证据的收集、保管、移送、质证和认证等各环节的规范程序,严格落实非法证据排除等一系列证据法规则。通过庭审实质化,才能回溯侦查行为的规范,履行司法对侦查的监督。在大数据侦查实践中,证据的并行构造却有力地回避了司法领域

---

[1] 一旦被作为搜查行为,就需要纳入搜查的相关程序,如进行数据收集时需要出示搜查证,被搜查对象主观上要知道数据收集行为的实施,数据收集必须要有见证人在场,结果需要有见证人确认等。详见胡铭、龚中航:《大数据侦查的基本定位与法律规制》,载《浙江社会科学》2019年第12期,第17页。

[2] 王燃:《大数据侦查》,清华大学出版社2017年版,第123页。

[3] Brent Mittelstadt et al., *The Ethics of Algorithms: Mapping the Debate*, Big Data & Society, 2016, pp. 1~21.

[4] 解正山:《算法决策规制——以算法"解释权"为中心》,载《现代法学》2020年第1期,第179页。

[5] 张中:《法官眼里无事实:证据裁判原则下的事实、证据与事实认定》,载《浙江工商大学学报》2017年第5期,第30页。

对侦查活动的监督。

第四，在我国，行政机关收集的电子证据同样可以作为刑事证据使用，但由于行政调查和基于刑事侦查获取的电子证据在取证主体规则、证据搜集对象规则、证据收集方式规则、证据保全与移送规则等诸多方面都存在巨大的差异，[1]基于证据形成的不同过程及效力问题也成了监督侦查行为合法性与司法裁判的一道壁垒。另外，随着大数据侦查技术的不断发展，传统的侦查主体开始走向"众包侦查"，[2]司法权力被稀释、隔壁邻居[3]、

---

[1] 电子证据的获取差异主要体现在行政执法、初查和刑事侦查阶段。行政执法中的电子证据规则主要体现在 2002 年《最高人民法院关于行政诉讼证据若干问题的规定》、2011 年《国家工商行政管理总局关于工商行政管理机关电子数据证据取证工作的指导意见》、2011 年《最高人民法院关于审理证券行政处罚案件证据若干问题的座谈会纪要》等规范性文件中；初查阶段电子证据规则主要体现在 2016 年《最高人民法院、最高人民检察院、公安部关于办理刑事案件收集提取和审查判断电子数据若干问题的规定》《人民检察院刑事诉讼规则（试行）》《公安机关办理刑事案件程序规定》和 2014 年《最高人民法院、最高人民检察院、公安部关于办理网络犯罪案件适用刑事诉讼程序若干问题的意见》等规范性文件中；刑事侦查中的电子证据规则主要体现在 2005 年《公安部计算机犯罪现场勘验与电子证据检查规则》、2010 年《关于办理死刑案件审查判断证据若干问题的规定》以及《关于办理刑事案件排除非法证据若干问题的规定》、2014 年《最高人民法院、最高人民检察院、公安部关于办理网络犯罪案件适用刑事诉讼程序若干问题的意见》、2016 年《最高人民法院、最高人民检察院、公安部关于办理刑事案件收集提取和审查判断电子数据若干问题的规定》以及 2018 年《刑事诉讼法》等规范性文件中。详见裴炜：《刑事立案前后电子取证规则衔接问题研究——以电子数据证据过程性为视角》，载《当代法学》2019 年第 2 期，第 114~126 页。

[2] 众包侦查的基本原理主要是基于不确定数据来源的数据搜集分析，可以为侦查工作提供方向和思路。详见裴炜：《个人信息大数据与刑事正当程序的冲突及其调和》，载《法学研究》2018 年第 2 期，第 54~55 页。

[3] 隔壁邻居（Nextdoor），是指一个以社区为基础的社交网站，加入者必须是同一个社区的居民，社区居民可以把每个人掌握的线索综合在一起，还原整个事件发生的过程。详见涂子沛：《数文明》，中信出版社 2018 年版，第 54~56 页。

人肉搜索[1]等现象愈加频繁，自发式的网络追踪有时也成了案件侦查的重要信息来源。但不可否认的是，这些不同渠道来源的案件线索，在一定程度上规避了诉讼理论中关于具体侦查行为的程序限制，也造成了法院审判非法证据排除规则适用难的现象，影响案件的裁判结果。

（二）以程序制约智能技术之"越位"

在冤假错案的防范与纠正方面，通常有传统与现代两种思路。传统思路即遵循传统实体法的框架，通过树立现代法治理念和正当程序的制度设计予以控制。笔者重点谈及构建新兴路径的规制思路——通过程序法治建设，以程序的完善制约智能司法的"越位"。

第一，通过程序建构制约数据。要通过程序制约数据与数据制约程序的双重路径予以规制。这种程序控制既要遵循传统规范框架，也应沿着智能化司法的新兴路径进行深入探索。具体来说：一是在智能司法的法治建设方面，应当完善智能化司法的立法规定、启动程序、审批机制、适用范围等相关规定；二是在数据规范控制方面，我国《个人信息保护法》已经出台，应从个人信息的收集与处理合法目的、数据使用应征得主体同意、赋予信息主体知悉权与更正权、审判机关对信息的处理过程应当体现安全与质量、个人信息使用的监督与救济程序等法律原则和机制来进行规制。三是在程序规制方面，应从审判权运行维度和辩护保障维度来予以实现数据的有效制约。

第二，通过程序完善以弥补数据收集问题。司法人工智能

---

[1] 广义的"人肉搜索"指利用现代信息科技，变传统的网络信息搜索（机器搜索）为人找人、人问人的网络社区活动。狭义的"人肉搜索"，它是指专门针对"人"的搜索。一旦成为"人肉搜索"的目标，搜索对象的姓名、电话等隐私信息都可能曝光在众目睽睽之下。详见刘立红：《"人肉搜索"导致网络暴力之成因分析》，载《东南传播》2009年第1期，第100~101页。

具有错误的可能，需要借助新时代的大数据和互联网技术弥补其带来的负面影响。强大的大数据云计算在互联网中如鱼得水，前述内容已经建议缩减人工智能的司法应用范围，同时促进互联网技术构建事后纠错保障机制的建立健全。通过对各基层法院中人工智能裁判的事后阅览、定期审查，可将司法人工智能的科技风险纳入一定的可控范围。法官作为司法活动中司法人工智能裁判的使用主体，其本身并不具有一定的中立性。因此，笔者建议：①司法人工智能的审查应当是抽样审查，基于对司法效率的考量，事后对人工智能运用结果的审查不能够"一刀切"，应当进行具体问题具体分析，对一些争议性比较大的案件进行抽样审查，进行案件的事后审查与纠错处理；②审查的主体应当与具体进行裁判的法院相分离，与裁判案件的法院相分离，建立上级法院部门对司法案件的定期抽查审查机制，以审查司法人工智能技术的适用是否影响案件的公正情况，且超出必要限度，以防止法官进行机械裁判；③设置标准规范审查的程序，通过程序强化质效，对重大复杂案件设置社会监督程序，借助外界的力量实现司法人工智能系统的结果优化，提升司法公正性。

二、建立多维度责任监管框架

基于审判权的属性和数据应用的实际面向，构建多维度的责任监管监督机制，能够为智能化司法运行提供重要的监督合力。

（一）构建专业数据监管巡察制度

大数据应用的日常监管巡察制度是大数据时代数据工作者[1]监督国家公权力的重要方式。当前，欧盟依据 GDPR 建立

---

〔1〕 2019年2月28日，《泰国个人数据保护法》（"PDPA"）最终由国民立法大会批准通过并予以发布。

了数据保护官（简称 DPO）制度。其他国家如德国依据《德国联邦数据保护法》[1]、巴西依据 2018 年通过的《巴西通用数据保护条例》（简称 LGPD）[2]、比利时、西班牙和匈牙利等国[3]也陆续建立了数据保护的专门机构。在我国，目前虽然没有明确地建立数据保管制度，但相关的法律制度对数据控制者和负责人赋予了相应的数据保护职责，与域外的数据保护官制度具有职责的相通性。[4]同时，在数据保护机构方面，在国家层面

---

[1] 1977 年《德国联邦数据保护法》首次出现 DPO（在德语中表达为"beauftragter für den datenschutz"）一词，规定其作用为确保数据控制者遵守数据保护条款。德国于 2001 年对《德国联邦数据保护法》进行修改，明确规定"公共机关和私人机构应当为 DPO 行使职责提供支持"。详见肖冬梅、成思雯：《欧盟数据保护官制度研究》，载《图书情报工作》2019 年第 2 期，第 145 页。

[2] LGPD 第 41 条规定：数据控制者应任命数据保护官。数据保护官的身份和联系信息应当公开、明确、客观地披露，最好在控制者的网站上公开披露。数据保护官的职责包括：①接受数据主体的投诉并沟通，提供澄清和采取措施；②与国家机构沟通并采取措施；③指导组织的员工和承包商在保护个人数据方面采取措施；④执行控制者决定的或补充规则中规定的其他职责；LGPD 第 55 条规定，巴西将设立"国家数据保护局"（简称为 ANPD）的独立联邦机构。ANPD 将负责监管与数据保护相关的所有事项，并监督 LGPD 的执行与合规状况。尽管 LGPD 中关于设立 ANPD 的条款最初被巴西总统否决，但此条款在 2018 年 12 月又被以行政命令的方式恢复。不过，该行政命令必须在 2019 年经巴西国会批准转化为法律，方可有效。从目前的规定来看，ANPD 无权审计企业，但可以出于调查目的要求企业披露信息。

[3]《比利时数据保护法案》（Data protection act 1992）及其之后颁布的法令和修正案规定需大规模收集处理公民个人数据的组织和团体应当设置 DPO 以保证合规；《西班牙数据保护法》（Data protection act 1999）规定处理某些类别数据（刑事犯罪相关数据、信誉服务相关数据、税务相关数据、金融相关数据、社保相关数据、涉及一系列个人相关数据等 11 项）时，必须设置"安全官"（security of-ficer）；《匈牙利个人数据保护和公共数据公示法》（Act LXIII of 1992 on the protection of personal data and the publicity of public data）第 28 条和第 31A 条明确规定在 4 种情形（处理国家主管部门、国家劳工或国家犯罪的数据文件时；金融机构；电信服务提供商；公共事业服务提供者）应当设置 DPO。非强制性 DPO 是指数据控制者可以根据自身情况选择是否设置 DPO，英国、法国、瑞典等国采用该模式。

[4] 例如《网络安全法》中的网络安全负责人，以及国家标准《信息安全技术 个人信息安全规范》（GB/T 35273-2020）中都有负责保护个人信息的职责任务。

建立了国家互联网信息办公室,〔1〕在地方,许多省份已经建立了大数据发展应用管理机构。〔2〕在大数据侦查程序运行的过程中,可以赋予大数据管理机构对智能化司法运行过程中的数据应用监管进行巡逻监察的任务,〔3〕在机构运行顺畅之后,可以陆续设立数据监察官,不定期开展对智能化司法程序运行中的数据主体权利厘清、数据保护方案设计、数据隐私影响评估等〔4〕工作的巡视监察,确保智能化司法的程序规范运行。

(二)完善国家监察委的权力监督体制

国家监察体制改革实现了监察委员会对行使国家公权力的公职人员的监察全覆盖,〔5〕是新时代国家反腐败机制创新的重

---

〔1〕 国家互联网信息办公室成立于2011年5月。其主要职责包括,落实互联网信息传播方针政策和推动互联网信息传播法治建设,指导、协调、督促有关部门加强互联网信息内容管理,负责网络新闻业务及其他相关业务的审批和日常监管,指导有关部门做好网络游戏、网络视听、网络出版等网络文化领域业务布局规划,协调有关部门做好网络文化阵地建设的规划和实施工作,负责重点新闻网站的规划建设,组织、协调网上宣传工作,依法查处违法违规网站,指导有关部门督促电信运营企业、接入服务企业、域名注册管理和服务机构等做好域名注册、互联网地址(IP 地址)分配、网站登记备案、接入等互联网基础管理工作,在职责范围内指导各地互联网有关部门开展工作。

〔2〕 我国最早设立大数据管理机构的城市可追溯至 2014 年 2 月,广东省以经济和信息化委员会的内设机构名义出现,其主要职责是研究拟订并组织实施大数据战略、规划和政策措施,引导和推动大数据研究和应用等方面工作。目前,浙江、贵州、山东、重庆、福建、吉林、广西、广州、成都、沈阳、兰州等省(或市)相继成立了大数据管理机构。

〔3〕 例如,2018 年 11 月 5 日重庆市政府根据《重庆市机构改革方案》成立了重庆市大数据应用发展管理局,作为重庆市政府的直属机构,主要聚焦大数据的"应用""发展"和"管理"三个方面的工作。其中,完善大数据的立法、监察巡察任务应当包含在大数据的应用管理职责方面。详见罗建军:《重庆市大数据应用发展管理局》,载《重庆日报》2018 年 8 月 20 日。

〔4〕 张弛:《数据保护官岗位角色技术能力分析》,载《中国信息安全》2019年第 2 期,第 46~47 页。

〔5〕 朱孝清:《检察机关如何行使好保留的职务犯罪侦查权》,载《中国刑事法杂志》2019 年第 1 期,第 6 页。

要体现。囿于智能化司法运行过程中数据行政权与审判司法权的复合性,尤其是人工智能司法活动中算法黑箱的隐蔽性,结合由最高人民检察院 2018 年发布的《关于人民检察院立案侦查司法工作人员相关职务犯罪案件若干问题的规定》第 3 条对"案件线索的移送和互涉案件的处理"的规定,[1]通过国家监察机关对违法行使公权力的公职人员履行监察职责,才能在审判阶段有效监督智能化司法的运行状态,避免审判机关凭借智能审判系统违法办案,如轻罪重判、重罪轻判等,确保案件的正确分流、及时管控、规范处置,从而实现审判阶段的监察控制,确保智能化司法权力行使监督的全流程覆盖。

(三) 强化检察机关诉讼监督的刚性

检察机关的"法律监督"职能,使其能监督司法人员在诉讼中的违法犯罪行为。[2]在一般常态下,检察机关在侦查机关立案之后行使逮捕权以及开展审查起诉活动时行使法律监督权。2018 年修正的《刑事诉讼法》第 19 条第 2 款赋予了检察机关职务犯罪侦查权,即检察机关可以通过后期的刑事诉讼活动发现

---

[1]《最高人民检察院关于人民检察院立案侦查司法工作人员相关职务犯罪案件若干问题的规定》第 3 条规定:人民检察院立案侦查本规定所列犯罪时,发现犯罪嫌疑人同时涉嫌监察委员会管辖的职务犯罪线索的,应当及时与同级监察委员会沟通,一般应当由监察委员会为主调查,人民检察院予以协助。经沟通,认为全案由监察委员会管辖更为适宜的,人民检察院应当撤销案件,将案件和相应职务犯罪线索一并移送监察委员会;认为由监察委员会和人民检察院分别管辖更为适宜的,人民检察院应当将监察委员会管辖的相应职务犯罪线索移送监察委员会,对依法由人民检察院管辖的犯罪案件继续侦查。人民检察院应当及时将沟通情况报告上一级人民检察院。沟通期间,人民检察院不得停止对案件的侦查。监察委员会和人民检察院分别管辖的案件,调查(侦查)终结前,人民检察院应当就移送审查起诉有关事宜与监察委员会加强沟通,协调一致,由人民检察院依法对全案审查起诉。人民检察院立案侦查本规定所列犯罪时,发现犯罪嫌疑人同时涉嫌公安机关管辖的犯罪线索的,依照现行有关法律和司法解释的规定办理。

[2] 朱孝清:《检察机关如何行使好保留的职务犯罪侦查权》,载《中国刑事法杂志》2019 年第 1 期,第 5 页。

审判机关在智能化司法运行过程中存在的违法犯罪行为并通过行使法定的职务犯罪侦查权，增强检察监督的刚性，确保大数据侦查权的运行得到有效监督。另外，结合"捕诉一体化"改革的相关要求、检察机关在认罪认罚从宽制度中的主导作用，强化检察机关的诉讼监督，也可以引导智能化司法工作的规范运行，对司法活动产生约束力。

（四）完善第三方数据控制者的监督职能

智能化司法的生命力在于大数据资源的获取和共享。当前，围绕公民日常生活的交通、出行、娱乐、购物、通信、交友等信息全部都能通过数据记录的形式加以还原，而这些涉及私人信息和私人生活的海量数据记录则分属于政府、企业或个人等不同的数据控制者。对此，我国的公法和私法均作出了大量关于安全保障义务的条款设计，且通过公私法相互工具化的管道性条款设计，实现了公共安全治理与私权保障的目标价值。[1] 在智能化司法大数据汇集过程中，很大一部分数据没有实现全景共享，在智能化司法过程中，这类数据的应用仍然需要审判机关履行相应的审批程序以单独获取。因此，强化对第三方数据控制者的数据隐私安全保障义务，能够在一定程度上有效制约法官的违法调取与使用司法数据情况，确保智能化司法程序的规范运行。

三、建构智能化司法的技术风控体系

第三次科技革命兴起以后，世界上许多国家的学者都在关注人工智能问题，但多数存在于信息、生物、哲学领域。探讨建立控制人工智能的法律机制问题的风潮起于21世纪初期。在

---

[1] 万方：《公私法汇流的闸口——转介视角下的网络经营者安全保障义务》，载《中外法学》2020年第2期，第357~377页。

这一时期，人工智能领域取得了多项重大突破，并已深入包括司法活动在内的人类生产生活，直至如今还未取得统一定论。传统的司法责任制虽然日臻完善，但难以应对人工智能给司法责任领域带来的新变革。因此，深化智能化司法的责任体系，应当对司法责任的概念进行适度的外延，将其责任主体外延至司法人工智能的部署、设计、开发、运行等智能化司法全流程。智能化司法的责任规制模式应当为，技术责任部分由相关主体通过立法加以明确，而人员责任部分则由现行司法责任追究机制、民事诉讼程序追究责任、刑事诉讼程序追究职务犯罪等相关程序加以综合，辅之以"监察部门""检察部门"的司法体制内监督与社会公众的社会监督等复合式手段。这是一套综合性的追责体系与追责架构。而这一复合式责任架构的源头就是通过立法的手段，对人工智能进行技术风险控制。

（一）明确人工智能的立法目的

人工智能的立法目的应在于保护人的主体性地位，推动人工智能的应用，保障我国人工智能发展战略的有效实施，促进人工智能技术的进步和社会发展。其中，保护人的主体地位和利益是人工智能立法控制的根本目的。法律反映由一定物质生活条件所决定的统治阶级意志，以国家强制力保证实施。而法律是人所创立的规范体系，调整的是人与人之间的社会关系。法律作为一种规范体系，其主要目的就在于调整人的权利与义务之间的关系，从而保证社会体制规范、有效地运行，人工智能进入司法领域，仅仅是优化了司法责任的具体形式。人工智能立法也应当立足于"保护人的主体地位"，适应司法领域人工智能带来的新发展。应当明确人工智能技术应用的边界，确保技术发展不超越法律所设定的伦理和道德底线。同时，立法还应考虑到人工智能技术的特殊性，制定相应的技术标准和操作规范,以防止技术被滥用和误用,维护司法公正和社会秩序。

(二) 规定司法人工智能的工具性质

人工智能是能够模拟、延伸和扩展需要人的智能的活动的客观现象。一是人工智能是一种客观存在,因而设计方案或想象中的人工智能不在立法控制范围内;二是这种客观存在能够模拟、延伸和扩展的活动,必须是需要人的智能的活动,因而模拟、延伸和扩展其他生物的机器也不在立法控制范围内;三是对这种活动不仅可以作出模拟,还可以进行延伸和扩展。从维护人的主体地位的出发点来看,人工智能应当是法律关系的客体,是权利主体与义务所指向的对象。人工智能虽然属于模拟、延伸和扩展需要人的智能的活动的物质,但不能成为法的主体。因为法的本质是一种规范体系、是社会关系的法律形式,而社会关系是人与人之间的关系,只有人才能够成为责任的主体。

以法的形式明确规定人工智能是法律客体,是对人工智能进行立法控制的首要任务。人工智能具有客观性,在智能化司法实践中,其定位应当"是"且"只能是"工具。不论人工智能如何接近"智能化",据以定罪量刑的主体都只能是司法人员,而非机器。人工智能立法控制的首要目的就是建立合理的利益分配制度,保障和协调利益。具体在司法领域,人工智能的立法目的应当具备:宏观上,能够调和人工智能的技术设计者与司法人工智能系统部署的利益冲突,合理界定人工智能的责任主体与人工智能技术的使用边界。微观上,应当从法律的层面直接规定人工智能的客体性质,明确人工智能并非司法决策的主体,即便司法人工智能系统导致了错误,其责任承担的主体也是设计开发人工智能系统的相关技术人员。

(三) 明确人工智能技术责任的原则

第一,坚持人类的主体地位原则。坚持人的主体地位应当是人工智能立法控制的首要出发点。法律是统治阶级意志的体现。而相对于人以外的客观现象而言,人是统治阶级。当人工智能由于其能够模拟、延伸和扩展需要人的智能的活动的特性而对人类社会主体地位产生威胁时,人工智能的立法控制就应当将坚持人的主体地位作为立法控制的核心原则。这一原则主要体现在,规定了人工智能的法律客体及物的属性。同理,此原则在司法审判中的表现即为,法官是智能化时代司法责任制的当然主体,这是不可动摇的红线与原则。

第二,坚持战略优先原则。人工智能作为划时代的、具有特殊法律属性的客观现象,已经被列入我国战略发展规划。然而,法律制定固有的滞后性将会妨碍人工智能的发展。因而,在规定国家机关管理职能和责任的同时,我们也应当认识到国家战略的前瞻性和实效性,使得其可以在法律修订期间参考适用。同理,此原则在司法审判中的表现即为,为了进一步提高司法审判的公开、公平、公正质效,必须适应人工智能时代,将司法审判中人工智能技术的运用作为优先战略。

第三,坚持保护实际创造及控制者的合法权益原则。基于人工智能的高科技属性和虚拟性、高操作的准入门槛,其实际创造及控制者有更多、更隐蔽的机会去限制、干涉、操控人工智能的活动,因而认可并保护其合理权益,应当被作为人工智能立法控制的特殊原则之一。并且,根据权责统一理念,人工智能的立法控制不仅要认可并保护其合理权益,更要明确人工智能实际创造及控制者的责任、义务。当无法以法律的形式限制某类不违反基本准则的实际活动时,应正视、承认此类活动,并对其作出法律控制,保护其权益,规定其义务与责任。因此,必须对人工智能影响法官裁判的具体流程进行分析，明确其中存在的人工智能创造、控制者应尽的责任及义务，杜绝上文所述的技术人员、系统部署者等人工智能相关人员对个案司法审判造成不当影响。

结　论

当前，人工智能在司法领域的深度应用，正不断解放与发展司法生产力，促进司法资源的优化配置，但也冲击了我国传统的诉讼制度，改变了公众对司法的固有印象。这使得智能化司法这一内容逐渐进入法学研究视野，寄托了人们对传统司法模式优化升级的重要期盼。美国巡回法院法官范·格拉费尔德（Van Graafeild）曾指出，对迅速发展的互联网适用法律，就像试图登上行进中的公共汽车。我们面对的是一个科技快速发展的时代，研究智能化司法需要紧跟时代发展的步伐，对技术进行必要的规制，厘清相关主体的责任问题，使人工智能技术朝着符合公众期待的方向发展。智能化司法是人工智能应用于司法实践的重要内容，当前诸多前沿问题通过"智能"标签以显示其理论研究的前瞻性，这也导致了当下的"人工智能"概念不清。从学术研究角度来看，厘清各个概念的具体内涵是进一步研究人工智能与司法交叉领域的首要问题。智能化司法指明，人工智能的司法研究应当坚持以司法为本位的面向，对司法制度进行系统思考，以相关的理论来指导司法领域人工智能技术的进一步发展。

人工智能的司法实践为"责任问题"揭开了新的缺口，甚至漏出了"责任真空"。那么，这一背景下司法责任的本质是否会发生改变？技术赋能于司法是否会颠覆传统司法责任模式？如何对责任模型进行调整与优化？人工智能背景下的司法责任问题已成为新的学术增长点,亟待学术研究者进行挖掘。我国各地法院正以极大的热忱拥抱司法人工智能,例如上海的"206系统"、北京的"睿法官系统"、江苏的"法务云"等。人工智能在推动司法判决的专业性和公正性方面极具优势,这种新型决策样态能够提升决策的权力空间,在司法决策过程中融入智能科技的技术理性与技术逻辑,逐渐改变司法决策的构成,重新定义司法决策的方式。在这种情形下,"智能化司法决策"应当肯定法官的裁判主体地位,以技术为工具对法官司法决策进行技术辅助,将人工智能的价值发挥到最大值。

从2019年开始,全球范围内,社会各界均开始采取积极的策略来应对人工智能引发的伦理风险问题。日本颁布的《以人类为中心的人工智能社会原则》提倡构建"AI-Ready",以实现人工智能技术的安全应用。欧盟委员会颁布的《人工智能伦理准则》提出构建"可信赖"的人工智能。我国新一代人工智能治理专业委员会发布的《新一代人工智能治理原则》提出要建设"负责任"的人工智能。人工智能介入司法领域可能产生算法黑箱、消解司法主体地位、难以兼顾情感理性等风险。人与机器的关系,是建构智能化司法责任伦理所无法规避的核心问题,毕竟人类社会的组织原理主要就是问责机制。科技引发司法领域的责任伦理风险问题,可以从算法向度、关系向度、情感向度与资源向度来考察与区分。建立智能化司法的责任伦理应当坚持三大原则:一是立场性原则,理性审视技术中立;二是主体性原则,明确智能化司法的"人本位"责任伦理模式,加强司法主体地位影响的风险调控;三是"法律控制""技术控制""伦理控制"互融互补,塑造兼顾"情理与法理"与人文社会关怀的智能化司法体系,防止司法领域人工智能的技术越位。

结　论

依据库恩的表述，范式是指某些"受到公认"的科学成就，其在一定的实践内可以为实践提供典型的问题及解答，体现的是一种受到相关主体默认的司法逻辑与价值取向。本书对司法理念与司法实践中责任范式的转型与重塑进行系统梳理。智能化司法的责任具有独特性：①牵涉主体具有多方面性，如法官、法院、技术人员、科技公司等；②牵涉流程也具有广泛性，从智能系统的部署、开发、设计、运行等多主体进行全流程的责任控制；③责任的内容也具有多方位性，如数据质量、裁判质量、监管责任等。总体来说，智能化司法下的司法责任范式应当为"全流程""全方位""多领域"的智能化司法发展范式，不仅仅局限于传统司法责任的一城一隅，而是控制人工智能良性运转于司法领域的一把钥匙。

因此，应当构建面向人工智能的司法责任观，以增进公众的司法信任为导向，从司法人工智能的部署、设计、运行、审查等全流程对人工智能的技术责任内容进行追本溯源，建立司法数据的全流程责任监管体系，确立由"算法系统部署责任""算法运行保障责任""算法运行结果责任"构成的算法责任体系。厘清智能化司法的责任主体，技术人员、系统部署者、一线办案的司法官应当各负其责。同时，智能化司法的问责体系应立足于传统司法问责方式，为技术人员与司法人员预留必要的容错空间。本书从司法人工智能系统的部署、设计、论证、审查、使用全流程提出了智能化司法的责任划分方式与责任承担形式。此外，还应当建立智能化司法的配套责任制度：完善智能化司法的数据保障制度，以程序制约技术"越位"；建立多维度的责任监管框架，引入国家监察委、检察机关、第三方数据控制者的力量，以建立切实有效的多维度责任监管体系，构建智能化司法的技术风险防控体系；对人工智能进行立法规范，明确维护人的主体地位是智能化司法控制的首要出发点；适应人工智能时代的发展要求，将对司法审判中人工智能技术的运用作为优先战略；保护实际控制者的合法权益；明确人工智能控制者的责任及义务，降低技术人员、系统部署者相关人员对个案司法的不当影响。

参考文献

一、著作类

[1] 腾讯研究院等：《人工智能：国家人工智能战略行动抓手》，中国人民大学出版社2017年版。

[2] 谢耘：《智能化未来："暴力计算"开创的奇迹》，机械工业出版社2018年版。

[3] 高举成：《数字法律与司法人工智能概论》，华龄出版社2020年版。

[4] 吕世伦主编：《现代西方法学流派》（下卷），中国大百科全书出版社2000年版。

[5] 陈嘉明：《建构与范导——康德哲学的方法论》，上海人民出版社2013年版。

[6] 张泽涛：《司法权专业化研究》，法律出版社2009年版。

[7] 马长山：《迈向数字社会的法律》，法律出版社2021年版。

[8] 张文显主编：《法理学》，法律出版社1997年版。

[9] 王利明：《司法改革研究》，法律出版社2000年版。

[10] 陈陟云、肖启明：《回归本质：司法改革的逻辑之维与实践向度》，法律出版社2015年版。

[11] 唐代兴：《生境伦理的知识论构建》，上海三联书店2013年版。

[12] 李浩主编：《员额制、司法责任制改革与司法的现代化》，法律出版社2017年版。

[13] 黄怡：《司法责任制改革实践与发展研究》，人民法院出版社2019年版。

[14] 吕世伦、文正邦主编：《法哲学论》，中国人民大学出版社1999

年版。

[15] 陈瑞华：《司法体制改革导论》，法律出版社 2018 年版。

[16] 谢军：《责任论》，上海人民出版社 2007 年版。

[17] ［英］凯伦·杨、马丁·洛奇编：《驯服算法：数字歧视与算法规制》，林少伟、唐佳垚译，上海人民出版社 2020 年版。

[18] 李桂花：《科技哲思——科技异化问题研究》，吉林大学出版社 2011 年版。

[19] 汤羽等编著：《大数据分析与计算》，清华大学出版社 2018 年版。

[20] 李建华：《"数据警察"导论》，中国人民公安大学出版社 2019 年版。

[21] 张文显主编：《法理学》，高等教育出版社 1999 年版。

[22] 王燃：《大数据侦查》，清华大学出版社 2017 年版。

[23] 涂子沛：《数文明》，中信出版社 2018 年版。

[24] ［英］卡鲁姆·蔡斯：《人工智能革命：超级智能时代的人类命运》，张尧然译，机械工业出版社 2017 年版。

[25] ［美］卢克·多梅尔：《算法时代：新经济的新引擎》，胡小锐、钟毅译，中信出版社 2016 年版。

[26] ［法］孟德斯鸠：《论法的精神》（上册），张雁深译，商务印书馆 1961 年版。

[27] ［德］卡尔·拉伦茨：《法学方法论》，陈爱娥译，商务印书馆 2003 年版。

[28] ［美］理查德·A. 波斯纳：《联邦法院——挑战与改革》，邓海平译，中国政法大学出版社 2002 年版。

[29] ［德］阿图尔·考夫曼：《法律获取的程序：一种理性分析》，雷磊译，中国政法大学出版社 2015 年版。

[30] 中国大百科全书编辑部译编：《简明不列颠百科全书》（第 5 卷），中国大百科全书出版社 1986 年版。

[31] ［德］马克斯·韦伯：《学术与政治》，冯克利译，生活·读书·新知三联书店 1998 年版。

[32] ［美］雷·库兹韦尔：《人工智能的未来——揭示人类思维的奥秘》，盛杨燕译，浙江人民出版社 2016 年版。

[33] [澳]皮特·凯恩:《法律与道德中的责任》,罗李华译,商务印书馆2021年版。

[34] [美]托马斯·库恩:《科学革命的结构》,金吾伦、胡新和译,北京大学出版社2003年版。

[35] F. M. Fisher, "The Mathematical Analysis of Supreme Court Decisions: The Use and Abuse of Quantitative Methods", *American Political Science Review*, 1958.

[36] F. Kehl et al., "An Information Retrieval Language for Legal Studies", Communications of the ACM 4.9, 1961.

[37] A. Rubel, *The Black Box Society: The Secret Algorithms that Control Money and Information*, Cambridge: Harvard University Press, 2016.

二、期刊论文类

[1] 栗峥:《人工智能与事实认定》,载《法学研究》2020年第1期。

[2] 高童非:《数字时代司法责任伦理之守正》,载《法制与社会发展》2022年第1期。

[3] 宋旭光:《论司法裁判的人工智能化及其限度》,载《比较法研究》2020年第5期。

[4] 雷磊:《司法人工智能能否实现司法公正?》,载《政法论丛》2022年第4期。

[5] 季卫东:《人工智能时代的司法权之变》,载《东方法学》2018年第1期。

[6] 陈锐、孙庆春:《人工智能司法决策的合法性辨疑》,载《西安交通大学学报（社会科学版）》2021年第3期。

[7] 彭中礼:《司法裁判人工智能化的正当性》,载《政法论丛》2021年第5期。

[8] 左为民:《关于法律人工智能在中国运用前景的若干思考》,载《清华法学》2018年第2期。

[9] 江秋伟:《论司法裁判人工智能化的空间及限度》,载《学术交流》

2019年第2期。

[10] 张文显：《构建智能社会的法律秩序》，载《东方法学》2020年第5期。

[11] 孙培福、付卓然：《"弱"法律人工智能研究的逻辑起点》，载《社会科学家》2020年第11期。

[12] 舒国滢：《法学是一门什么样的学问？——从古罗马时期的Jurisprudentia谈起》，载《清华法学》2013年第1期。

[13] 刘艳红：《人工智能法学研究的反智化批判》，载《东方法学》2019年第5期。

[14] 谢阳群：《信息化的兴起与内涵》，载《图书情报工作》1996年第2期。

[15] 刘奕群、吴玥悦：《信息化与智能化：司法语境下的辨析》，载《中国应用法学》2021年第2期。

[16] 郑弋：《人工智能与法律的未来》，载《探索与争鸣》2017年第10期。

[17] 史彤彪：《试论斯蒂格·乔根森的"多元论法学"》，载《中国法学》1993年第3期。

[18] 邓矜婷、张建悦：《计算法学：作为一种新的法学研究方法》，载《法学》2019年第4期。

[19] 高兆明：《信任危机的现代性解释》，载《学术研究》2002年第4期。

[20] 陈光中：《略谈司法公信力问题》，载《法制与社会发展》2015年第5期。

[21] 于慈珂：《司法机关与司法机关组织法论纲》，载《现代法学》1993年第2期。

[22] 金泽刚：《司法改革背景下的司法责任制》，载《东方法学》2015年第6期。

[23] 范成珊、岳联国：《司法责任原则初探》，载《法学杂志》1984年第1期。

[24] 张文显：《论司法责任制》，载《中州学刊》2017年第1期。

[25] 马洪伟:《基于形成机制的司法公信力建构》,载《江西社会科学》2015 年第 8 期。

[26] 闫坤如、曹彦娜:《人工智能时代主体性异化及其消解路径》,载《华南理工大学学报(社会科学版)》2020 年第 4 期。

[27] 孙辙、杨春福:《论我国法官司法责任制度的逻辑与范式》,载《南京社会科学》2021 年第 8 期。

[28] 赵杨:《人工智能时代的司法信任及其构建》,载《华东政法学院学报》2021 年第 4 期。

[29] 马靖云:《智慧司法的难题及其破解》,载《华东政法大学学报》2019 年第 4 期。

[30] 郑曦:《人工智能技术在司法裁判中的运用及规制》,载《中外法学》2020 年第 3 期。

[31] 刘品新:《智慧司法的中国创新》,载《国家检察官学院学报》2021 年第 3 期。

[32] 孙笑侠:《论司法信息化的人文"止境"》,载《法学评论》2021 年第 1 期。

[33] 陈姿含:《司法算法决策中的权力逻辑》,载《中共中央党校(国家行政学院)学报》2022 年第 3 期。

[34] 陈姿含:《公共领域算法决策的几个问题探讨》,载《理论探索》2020 年第 3 期。

[35] 王禄生:《司法大数据与人工智能技术应用的风险及伦理规制》,载《法商研究》2019 年第 2 期。

[36] 於兴中:《算法社会与人的秉性》,载《中国法律评论》2018 年第 2 期。

[37] 张荣、李喜英:《约纳斯的责任概念辨析》,载《哲学动态》2005 年第 12 期。

[38] 王申:《司法责任伦理是法官存在的必要条件》,载《江海学刊》2016 年第 4 期。

[39] 刘瑛、何丹曦:《论人工智能生成物的可专利性》,载《科技与法律》2019 年第 4 期。

[40] 张刚要、梁青青:《人工智能的教育哲学思考》,载《中国电化教育》

2020年第6期。

[41] 左为民:《如何通过人工智能实现类案类判》,载《中国法律评论》2018年第2期。

[42] 吴习彧:《裁判人工智能化的实践需求及其中国式任务》,载《东方法学》2018年第2期。

[43] 黎常、金杨华:《科技伦理视角下的人工智能研究》,载《科研管理》2021年第8期。

[44] 王亮:《社交机器人"单向度情感"伦理风险问题刍议》,载《自然辩证法研究》2020年第1期。

[45] 贾开:《人工智能与算法治理研究》,载《中国行政管理》2019年第1期。

[46] 王琦、安晨曦:《时代变革与制度重构:民事司法信息化的中国式图景》,载《海南大学学报(人文社会科学版)》2014年第5期。

[47] 左为民:《AI法官的时代会到来吗——基于中外司法人工智能的对比与展望》,载《政法论坛》2021年第5期。

[48] 陈爱华:《哈贝马斯科技伦理观述评——哈贝马斯〈作为"意识形态"的科学与技术〉解读》,载《伦理学研究》2007年第3期。

[49] 唐林垚:《人工智能时代的算法规制:责任分层与义务合规》,载《现代法学》2020年第1期。

[50] 陈锐、王文玉:《司法人工智能与人类法官的角色定位辨析》,载《重庆大学学报(社会科学版)》2021年第7期。

[51] 潘庸鲁:《人工智能介入司法领域路径分析》,载《东方法学》2018年第3期。

[52] 江必新:《论司法自由裁量权》,载《法律适用》2006年第11期。

[53] 朱葆伟:《关于技术伦理学的几个问题》,载《东北大学学报(社会科学版)》2008年第4期。

[54] [德] C. 胡比希:《技术伦理需要机制化》,王国豫译,载《世界哲学》2005年第4期。

[55] 何明升:《中国网络治理的定位及现实路径》,载《中国社会科学》2016年第7期。

[56] 郑智航、徐绍曦：《大数据时代算法歧视的法律规制与司法审查——以美国法律实践为例》，载《比较法研究》2019 年第 4 期。

[57] 朱孝清：《司法的亲历性》，载《中外法学》2015 年第 4 期。

[58] 高鲁嘉：《人工智能时代我国司法智慧化的机遇、挑战及发展路径》，载《山东大学学报（哲学社会科学版）》2019 年第 3 期。

[59] 王燃、徐笑菁、龚向柏：《智慧法治背景下司法数据开放共享研究》，载《人民法治》2018 年第 6 期。

[60] 马长山：《数字社会的治理逻辑及其法治化展开》，载《法律科学（西北政法大学学报）》2020 年第 5 期。

[61] 汤维建：《"智慧法院"让司法更公正、更高效》，载《人民论坛》2017 年第 4 期。

[62] 张保生：《人工智能法律系统：两个难题和一个悖论》，载《上海师范大学学报（哲学社会科学版）》2018 年第 6 期。

[63] 蔡星月：《算法决策权的异化及其矫正》，载《政法论坛》2021 年第 5 期。

[64] 张扬武：《基于产生式的民事法律专家系统的研究》，载《电脑知识与技术》2013 年第 15 期。

[65] 方乐：《法官责任制度的司法化改造》，载《法学》2019 年第 2 期。

[66] 张凌寒：《智慧司法中技术依赖的隐忧及应对》，载《法制与社会发展》2022 年第 4 期。

[67] 胡铭、龚中航：《大数据侦查的基本定位与法律规制》，载《浙江社会科学》2019 年第 12 期。

[68] 解正山：《算法决策规制——以算法"解释权"为中心》，载《现代法学》2020 年第 1 期。

[69] 张中：《法官眼里无事实：证据裁判原则下的事实、证据与事实认定》，载《浙江工商大学学报》2017 年第 5 期。

[70] 裴炜：《刑事立案前后电子取证规则衔接问题研究——以电子数据证据过程性为视角》，载《当代法学》2019 年第 2 期。

[71] 裴炜：《个人信息大数据与刑事正当程序的冲突及其调和》，载《法学研究》2018 年第 2 期。

[72] 刘立红:《"人肉搜索"导致网络暴力之成因分析》,载《东南传播》2009年第1期。

[73] 肖冬梅、成思雯:《欧盟数据保护官制度研究》,载《图书情报工作》2019年第2期。

[74] 张弛:《数据保护官岗位角色技术能力分析》,载《中国信息安全》2019年第2期。

[75] 李奋飞:《检察再造论——以职务犯罪侦查权的转隶为基点》,载《政法论坛》2018年第1期。

[76] 万方:《公私法汇流的闸口——转介视角下的网络经营者安全保障义务》,载《中外法学》2020年第2期。

[77] 何帆:《全面准确落实司法责任制的三个维度——兼论中国特色司法责任体系的形成》,载《中国法律评论》2023年第1期。

[78] 孙辙:《关于司法责任的几个基本理论问题》,载《人民司法》2022年第28期。

[79] 陈瑞华:《法官责任制度的三种模式》,载《法学研究》2015年第4期。

[80] 李训虎:《刑事司法人工智能的包容性规制》,载《中国社会科学》2021年第2期。

[81] 樊传明:《被敝视的法官:数字司法对审判权运行的影响》,载《法制与社会发展》2024年第3期。

[82] 葛金芬:《司法人工智能应用中法官的渎职风险及其刑事责任》,载《湖南社会科学》2023年第3期。

[83] 曹重阳、叶晓川:《智慧司法生态设计下司法责任伦理的检视与重塑》,载《太原理工大学学报(社会科学版)》2023年第4期。

[84] Willem J. Witteveen, "Reading Vico for The School of Law", *Chicago Kent Law Review*, 2008 (83).

[85] B. G. Buchanan and Thomas E. Headrick, "Some speculation about ArtificialIntelligence and Legal Reasoning", *Stanford Law Review*, 1940 (23).

[86] D. Anthony, "Can Should Computers Replace Judges", *Georgia Law Review*, 1977 (11).

参考文献

[87] M. Stockdale and R. Mitchell, "Legal Advice Privilege and Artificial Legal Intelligence: Can Robots Give Privileged Legal Advice?", *The International Journal of Evidence & Proof*, 2019 (4).

[88] Katherine Freeman, "Algorithmic Injustice: How the Wisconsin Supreme Court Failed to Protect Due Process Rights in States v. Loomis", *North Carolina Journal of Law & Technology*, 2016 (75).

[89] John W. Wulff, "Artificial Intelligence and Law Enforcement: A 21st Century Crime Fighting Technique", *Doctoral Dissertation Utica College*, 2013 (4).

[90] Andrew D. Selbst, "Disparate Impact in Big Data Policing", Ga. L. Rev, 2017 (52).

[91] David Lehr and Paul Ohm, "Playing with The Data: What Legal Scholars Should Learn about Machine Learning", UCDL Rev., 2017 (51).

[92] Richard M. Re & Alicia Solow-Niederman, "Developing Artificially Intelligent Justice", *Stanford Technology Law Review*, 2019 (2).

[93] John O. Mc Ginnis and Steven Wasick, "Law's Algorithm", *Florida Law Review*, 2014 (3).

[94] J. A. Kroll et al., "Accountable Algorithms", *University of Pennsylvania Law Review*, 2017 (633).

[95] H. Surden, "Artificial Intelligence and Law: An Overview", *Georgia State University Law Review*, 2019, 35 (4).

[96] Kate Stith and Steve Y. Koh, "The Politics of Sentencing Reform: The Legislative History of the Federal Sentencing Guidelines", WAKE FOREST L. REV., 1993 (28).

[97] Anupam Chander, "The Racist Algorithm?", MICH. L. REV., 2017 (115).

[98] Melissa Hamilton, "The Biased Algorithm: Evidence of Disparate Impact on Hispanics", Am. Crim. L. Rev., 2019, 56 (1553).

[99] Pauline T. Kim, "Data-Driven Discrimination at Work", Wm. & Mary L. Rev., 2017 (58).

[100] Andreas Matthias, "The Responsibility Gap: Ascribing Responsibility for

the Actions of Learning Automata", *Ethics and Information Technology*, 2004（6）.

[101] Brent Mittelstadt et. al, "The Ethics of Algorithms: Mapping the Debate", *Big Data & Society*, 2016.

三、报刊类

[1] 彭波:《司法公开彰显制度力量》,载《人民日报》2019年8月15日。

[2] 丁国锋:《八种"机器人"助力苏州法官判案》,载《法制日报》2017年4月15日。

[3] 法制日报评论员:《加快推进执法司法责任体系改革和建设》,载《法治日报》2021年7月25日。

[4] 罗建军:《重庆市大数据应用发展管理局》,载《重庆日报》2018年8月20日。

[5] 董治良:《司法责任制的建立与实践》,载《人民法院报》2015年5月6日。

[6] 季卫东:《科技让我们飞升还是制造牢笼》,载《社会科学报》2020年1月16日。

[7] 王涵:《"数字法院"改革的浙江经验》,载《民主与法制时报》2019年12月1日。

[8] 顾元森:《江苏将推广"数字法院"庭审效率可提高30%》,载《现代快报》2017年4月15日。

四、学位论文类

帅弈男:《智慧社会的司法范式转型》,华东政法大学2020年博士学位论文。

五、网站类

[1]《5·2郑州电梯劝烟猝死案》,载 https://baike.baidu.com/item/5·2

郑州电梯劝烟猝死案/22355431.

[2]《414 辱母杀人案》, 载 https://baike.sogou.com/m/v164213813.htm?g_ut=3.

[3]《江苏省司法行政全面开启"智慧法务"新格局》, 载电子政务网: www.e-gov.org.cn/article-161190.html.

[4] COMPAS Risk & Need Assessment System: Selected Questions Posed by Inquiring Agencies, NORTHPOINTE (2012), http://www.northpointeinc.com/files/downloads/FAQ_Document.pdf.at4.

[5] Risk Assessment, NORTHPOINTE (2011), https://www.documentcloud.org/documents/2702103-Sample-Risk-AssessmentCOMPAS-CORE.html.

[6] NORTH POINTEINC., PRACTITIONER's GUIDE TO COMPASC ORE1 (NorthpointeInc., 2015). at 11.

[7] Jeff Larson, etal., How We Analyzed the COMPAS Recidivism Algorithm, PROPUBLICA (May23, 2016), https://www.propublica.org/article/how-weanalyzed-the-compas-recidivism-algorithm.